中国社会科学院创新工程学术出版资助项目

居安思危·世界社会主义小丛书

马克思主义与社会主义的历史命运

（大字本）

王伟光◎著

社会科学文献出版社
SOCIAL SCIENCES ACADEMIC PRESS (CHINA)

"居安思危·世界社会主义小丛书"总序（修订稿）

中国社会科学院副院长

世界社会主义研究中心主任、研究员

李慎明

"居安思危·世界社会主义小丛书"既是中国社会科学院世界社会主义研究中心奉献给广大读者的一套普及科学社会主义常识的理论读物，又是我们集中院内外相关专家学者长期研究、精心写作的严肃的理论著作。

为适应快节奏的现代生活，每册书的字数一般限定在 4 万字左右。这有助于读者在工作之余或旅行途中一次看完。从 2012 年 7 月开始的三五年内，这套小丛书争取能推出 100 册左右。

这是一套"小"丛书，但涉及的却是重大的理论、重大的题材和重大的问题。主要介绍科学社会主义基本理论及重要观点的创新，国际共产主义运动中重大历史事件和重要领袖人物（其中包括反面角色），各主要国家共产党当今理论实践及发展趋势等，兼以回答人们心头常常涌现的相关疑难问题。并以反映国外当今社会主义理论与实践为主，兼及我国的革命、建设和改革开放事业。

从一定意义上讲，理论普及读物更难撰写。围绕科学社会主义特别是世界社会主义一系列重大理论和现实问题，在极有限的篇幅内把立论、论据和论证过程等用通俗、清新、生动的语言把事物本质与规律讲清楚,做到吸引人、说服人,实非易事。这对专业的理论工作者无疑是挑战。我们愿意为此作出努力。

以美国为首的西方世界的国际金融危机,本质上是经济、制度和价值观的危机,是推迟多年推迟多次不得不爆发的危机,这场危机远未见底且在深化,绝不是三五年就能轻易走出去的。凭栏静听潇潇雨,世界人民有所思。这场危机推动着世界各国、各界特别是发达国家和广大发展中国家的普通民众开始进一步深入思考。可以说,又一轮人类思想大解放的春风已经起于青蘋之末。然而,春天到来往往还会有"倒春寒";在特定的条件下,人类社会也有可能还会遇到新的更大的灾难,世界社会主义还有可能步入新的更大的低谷。但我们坚信,大江日夜逝,毕竟东流去,世界社会主义在本世纪中叶前后,极有可能又是一个无比灿烂的春天。我们这套小丛书,愿做这一春天的报春鸟。

现在,各出版发行企业都在市场经济中弄潮,出版社不赚钱决不能生存。但我希望我们这套小丛书每册定价不要太高,比如说每本10元是否可行? 当然,为方便年纪大的阅读的大字本定价可适当高一点。相关方面在获取应得的适当利润后,让普通民众买得起、读得起才好。买的人多了,薄利多销,利润也就多了。这是常识,但有时常识也需要常唠叨。

敬希各界对这套丛书进行批评指导,同时也真诚期待有关专家学者和从事实际工作的各级领导及各方面的人士为我们积极撰稿、投稿。我们选取稿件的标准,就是符合本丛书要求的题材、质量、风格及字数。

2013 年 6 月 28 日

目录 | CONTENTS

这本册子集中回答了马克思主义与社会主义的历史命运这样一个严肃问题。从中我们可以认识到推进马克思主义中国化、时代化和大众化，建设马克思主义学习型政党，坚定不移地高举中国特色社会主义旗帜，走中国特色社会主义道路的重要性、必要性和紧迫性，从而提高全党特别是领导干部对于马克思主义和社会主义的理论自觉，坚定对于马克思主义和社会主义的政治信仰。

一 时代和历史方位问题

在人类社会发展的伟大历史长河中，我们国家和民族现在正处在一个什么样的时代和历史方位上，会向哪个方向发展，历史命运和前途会是怎样的？在科学判断时代和历史方位的前提下，如何认识发展中国特色社会主义的国内外形势，如何判断我国发展的重要战略机遇期，如何推进中国特色社会主义科学发展？这都是必须要做出科学回答的重大战略问题。

1. 马克思主义社会形态演变理论

在 20 世纪 80 年代，我国理论界有一场关于马克思主义社会形态演变理论的争论，这就是"五形态说"和"三形态说"的争论。所谓"五形态说"，是根据马克思恩格斯经典著作关于社会发展形态演变论述而概括的论点，即通常所讲的人类社会发展必然依次经过原始共产主义社会、奴隶社会、封建社会、资本主义社会、共产主义社会（社会主义社会是其发展的第一阶段）这五个阶段。所谓"三形态说"，是根据马克思《1857～1858 年经济学手稿》（即"伦敦手稿"）中对社会历史进程看法而概括的论点。马克思指出："人的依赖关系（起初完全是自然发生的），是最初的社会形态，在这种形态下，人的生产能力只是在狭窄的范围内和孤立的地点上发展着。以物的依赖性为基础的人的独立性，是第二大形态，在这种形态下，才形成普遍的社会物质交换，全面的关系，多方面的需求以及全面的能力的体系。建立在个人全面发展和他们共同的社会生产能力成为他们的社会财富这一基础上的自由个性，是第三个阶段。第二个阶段为第三个阶段创造条件。"[①]依据马克思关于人的依赖关系、物的依赖关系、个人全面发展这三大阶段的划分，可以认为，人类社会依次经过自然经济、市场经济和产品经济这三个阶段。

---

① 《马克思恩格斯全集》第四十六卷（上），人民出版社，1979，第104页。

围绕着"五形态说"和"三形态说"的争论产生了某些思想混乱。有的人用"三形态说"否定"五形态说",认为马克思从来没有说过人类社会有五种基本的社会形态更替,"五形态说"是斯大林提出来的,不是马克思的本意,不是历史发展的普遍规律;也有的人看不到人类社会必然要经过市场经济阶段,才能过渡到最后的产品经济阶段。实际上,无论是"五形态说",还是"三形态说",都是马克思主义根据生产力发展历史状况,对人类社会形态发展历史进程的科学概括。大家对"五形态说"比较熟悉了,认真研读马克思恩格斯全部经典著作,可以看出,他们已经清晰地勾画出人类社会发展的"五形态"的历史进程。按照马克思恩格斯的"三形态说",第一阶段"人的依赖关系"实质上是自然经济社会,由于生产力落后,原始人依赖原始群体、奴隶人身依附于奴隶主、农民人身依附于地主,表现为个人对他人、对社会组织的依赖;第二阶段"人对物的依赖关系"实质上是市场经济社会,人依附于商品、金钱,表现为人受物的支配,以资本主义社会为典型;第三阶段"人的全面发展"则是市场经济消亡以后的产品经济社会,人成为自身的主人,以共产主义为标志。

"三形态说"实际上同"五形态说"并不矛盾,马克思恩格斯对社会形态进程的这两种划分,都是根据唯物史观分析社会形态演变而得出的正确结论,二者是一致的,只不过角度不同。"三形态说"是从人类社会必然经历的自然历史过程,即物质的、生产力的、经济的性质和状态来说的,"五形态说"则是从由生产力所决定的生产关系和上层建筑的性质与状况,从社会制度的性质与状况来说的,但其最终都是依据生产力发展性质与状况来判断的。

这场争论的实质就是马克思主义关于人类社会发展规律及社会形态演变进程的判断是否是客观真理,社会主义、共产主义是否是历史必然;市场经济能不能与公有制相结合,社会主义要不要发展市场经济,涉及的问题症结就在于社会主义、共产主义是不是必然趋势,马克思主义是否是真理、有没有生命力。

人类社会和万事万物一样,有一个由低级向高级不断发展的历史进程。唯物史观认为人类社会经历了原始社会、奴隶社会、封建社会、资本主义社会四大社会形态,每一个社会形态都有一个由生到死的过程。而这四个社会形态从物质的、生产力的、经济的状况的自然历史过程来说,又可以分别属于自然经济、市场经济和产品经济三大阶段。自然经济社会就是原始社会、奴隶社会和封建社会;市场经济社会就是资本主义社会,现在看来,至少社会主义初级阶段也应当大力发展市场经济;产品经济社会是未来的共产主义社会。马克思恩格斯分析了资本主义社会发展由于其不可克服的内在矛盾而最终导致灭亡,终将会为更高级的社会形态——共产主义社会所代替,而共产主义在其发展过程中首先经历社会主义阶段。

（1）迄今为止的考古学、人类学、社会学等已经从实证的角度完全证明了马克思主义关于人类依次经历了原始社会、奴隶社会、封建社会的结论是正确的。

（2）马克思恩格斯逝世后的第一个社会主义国家产生,到社会主义发展受挫,再到今天中国特色社会主义成功的一个半世纪的历史事实,以及当今金融危机和西方资本主义衰退的事实,证明马克思主义关于社会主义必然代替资本主义的判断是符合历史发展规律的,是正确的。

(3)马克思恩格斯只是揭示历史发展的一般规律和总体趋势,并不排斥特例和偶然,因为人类社会进程就是由无数次特例和偶然所组成的。也就是说人类历史总体经历过"五个形态",但具体到哪个国家、哪个民族就不一定全部依次经历每个社会形态,因为这个历史进程是从人类社会总体上看的。而马克思恩格斯所揭示的人类社会必然经历的自然经济、市场经济和产品经济则是人类社会更为基本的历史阶段,因而是必然要经历的、不可逾越的自然历史过程。

(4)马克思主义关于社会主义和未来共产主义社会的科学结论是根据历史发展趋势和客观规律所做出的理论预期。马克思恩格斯只是在历史必然性的客观趋势中预测社会主义这一新生事物的,至于具体的社会主义是什么样子,当时马克思恩格斯也只是大体上的描述。但至少有一条,因为社会主义是从资本主义母体中脱胎出来的,在资本主义母体中已经有社会主义新生因素产生,如社会化的大生产、社会保障福利体制、股份制等。社会主义作为一个新生事物,必然有一个曲折漫长的生长发育过程,社会主义到底怎样建设,要在实践中摸索。

(5)现代资本主义还有一定的发展空间。许多同志经常提出一个问题:马克思恩格斯讲资本主义的丧钟已经敲响了,为什么150多年过去了,资本主义还没有灭亡呢?这个问题不难回答。马克思恩格斯对资本主义必然灭亡、社会主义必然兴盛的总的历史趋势的判断是科学的,但具体时间的估计是有局限性的。马克思恩格斯在讲社会主义必然性时,认为当资本主义生产力高度成熟,成熟到资本主义生产关系再也不能容纳资本主义生产力发展时,社会主义革命就到来了。革命后所建立的社会主义,一是全社会公有制;一是没有商品、货币,实行计划经济;一是按劳分配,最终实现人的全面发展和自由人的联合体。生产力与生产关系的矛盾是社会变革的内在动力,生产关系好比蛋壳,生产力好比蛋黄,当适合时,蛋壳对蛋黄起促进作用;当不适合时,起阻碍作用。因此,小鸡成熟后,就要冲破蛋壳的束缚。当然,革命成功要具有一定的客观条件,同时具有一定的主观条件。经过主观努力,落后国家社会主义革命可以先行展开,但革命成功后,必须大力发展生产力。马克思恩格斯当时的判断是基于他们所看到的自由竞争资本主义生产力与生产关系的矛盾不可克服的尖锐性、激化性，活生生的现实显示出社会主义革命前夜已经来临、资本主义丧钟已经敲响，结论是在这样一种客观条件下做出来的。"这是最后的斗争，团结起来到明天"，当时的情况正像《国际歌》歌词所反映的那样。但后来的事实是垄断资本主义的矛盾进一步激化，带来了一系列战争、危机与革命，迫使资本主义调整生产关系，进行改良，到现代资本主义，进入今天相对缓和的发展期，资本主义生产关系对生产力还有适应的一面，所以资本主义还有生命，死期未到。而社会主义，由于是在落后国家进行社会主义革命和建设的，客观上没有现成的社会主义发展道路可走，面临很多困难，再加上主观上社会主义国家领导人一度犯了错误，社会主义生产关系和上层建筑的具体体制出现了阻碍生产力发展的状况,导致受挫。

2. 当今时代和历史方位的科学判断

学习唯物史观,运用马克思主义的社会形态演变理论加以分析,可以进一步得出对时代和历史方位的判断,即从人类历史发展长河的总体上来说,我们正处在资本主义要逐步走向灭亡、社会主义要逐步走向取代资本主义的历史时代。在该时代,工人阶级处于努力进行社会主义革命和社会主义建设的历史方位上。我们正处在这样一个历史发展的路径上,这就是我们所处的时代和历史方位。

(1)迄今为止,总的时代特征并没有改变,但是在该时代总的发展进程中,已经经历了第一个历史阶段,走过了第二个历史阶段,正处在第三个历史阶段。这三个阶段分别呈现出不同的阶段性特征。从世界近代以来历史发展进程来看,第一个阶段是马克思恩格斯所处的自由竞争资本主义和工人运动、社会主义运动兴起阶段。由于自由竞争资本主义不可克服的内在矛盾已经十分尖锐、完全暴露出来了,阶级对立、两极分化,工人阶级作为新生产力的代表已经登上政治舞台,工人阶级与资产阶级的阶级搏斗已经展开,工人运动和社会主义运动兴起,马克思恩格斯对该阶段特征做出了科学的判断。第二个阶段是列宁所处的垄断资本主义阶段,即帝国主义战争与无产阶级革命阶段。列宁揭示了该阶段的特征。我们现在正处于第三个历史阶段上,我们党和邓小平同志对这个历史阶段的阶段性特征做出了科学的概括。

马克思恩格斯对自由竞争资本主义阶段特征做了科学明确的判断,在他们之后,马克思列宁主义对后两个历史阶段也有两个重要判断。一个是列宁 1916 年的判断。他认为，当时正处于帝国主义战争和无产阶级革命时代，即时代主题是战争与革命。列宁的判断是符合 19 世纪末 20 世纪初自由竞争资本主义到垄断资本主义，由其自身不可克服的内在矛盾而导致并呈现出内外交困的局面，呈现出资本主义走向灭亡的趋势，是符合当时时代所呈现出来的阶段性特征的。从自由竞争到垄断，资本主义内部矛盾激化，造成战争与革命，第一次世界大战，引发十月革命；第二次世界大战，引发一系列社会主义革命（包括中国革命），这些历史事实证明了列宁的判断是正确的。列宁的论断对中国和世界社会主义革命是有指导作用的。二战后，新中国成立后，很长一段时间存在东西方对峙冷战、新中国受到帝国主义的遏制包围、后来的中苏关系紧张等国际局势,我们党一直坚持战争与革命的判断,这是决定中国对内对外政策的关键因素,指导判断中国外部环境和制定对内对外政策。1965 年 9 月 29 日陈毅副总理在中外记者招待会上说:"你们都来吧,苏联人从北边来,印度人从西边来,美国人、台湾人从南边来,我等得你们头发都等白了。"这是关于形势和战争的很著名的一段讲话。毛泽东同志在 20 世纪 70 年代判断国际形势时说:"山雨欲来风满楼,燕子已经低飞了。"因为暴风雨来临前夕,燕子低飞,意指战争即将来临。从新中国成立初期的抗美援朝,到1958 年炮轰金门、1959 年中印边境反击战、60 年代支持越南抗美斗争、1969 年中苏珍宝岛边界反击战、1969 年 5 月 9 日与前苏联在新疆的边界冲突、1973 年西沙反击战、

1979年中越边界反击战,等等。除了抗美援朝是大仗外,其余小打不断。毛泽东同志对形势的估计就是要"准备打仗"、"准备打世界大战"、"先打烂坛坛罐罐,再搞建设"、"深挖洞,广积粮,备战备荒为人民",抓"三线"建设,沿海地区不投入或少投入,整个策略都是对外准备打仗,这表达了我们党对形势、对战争的看法及采取的方略。当然,有对发展变化了的形势估计过于严峻的一面。我们处理国际关系,处理准备打仗和国内建设的关系,都受到战争与革命这个判断的影响。

一个是邓小平1978年的判断。随着国际形势的变化,总的时代进程又发生了新的阶段性的变化,出现了新的阶段性特征,对时代的阶段性特征的变化应该做出新的判断。如果仍然停留在原来的判断,则势必影响国内政策和对外政策的调整制定。当然，毛泽东同志到晚年也开始做政策上的调整，如采取中美建交等重大举措。我们党对时代的阶段性特征的判断的改变是邓小平同志率先提出来的。六七十年代东西方"冷战"还没有完全结束，东西方对抗、美苏争夺还是国际形势的主要方面，但进入七八十年代以来，国际形势逐渐发生变化，1989年"柏林墙"倒塌，1991年苏联蜕变，东欧解体，"冷战"结束，发生了逆转。邓小平第一个做出"总的时代没有变，但有了新的阶段性特征的变化"的判断。他认为当今世界面临两大问题，一是和平，二是发展，不是战争与革命，和平与发展是两大时代主题的判断符合第二个阶段性特征变化。这个战略性判断决定了我们国内政策和对外关系总方针的重大转变，引起我们处理国内国际问题的策略发生改变,实行社会主义改革开放的总国策,构建和平的外部环境,集中力量搞国内建设,走中国特色的社会主义和平发展道路。邓小平的判断只是对今天资本主义与社会主义两大力量对比发生阶段性变化的科学分析,并不影响对总的时代特征的判断。邓小平的科学判断使我们抓住了发展的有利时机。

和平与发展是主题,并不是说资本主义生产的社会化和占有的私人性质的基本矛盾就消失了,这次金融危机就说明其基本矛盾依然存在、依然起作用、依然不可克服,只不过表现形式不同,总的历史趋势没有改变。比如,由于西方资本主义的发展,南北差距、贫富差距进一步扩大。现在世界上的穷人人均每天生活费不到 1 美元的有 12 亿人口,2010 年世界人口 67 亿,也有统计显示世界人口已超过 69 亿,每 6 人中就有 1 人每天生活费不足 1 美元。每天生活费不到 2 美元的有 20 亿人,占世界总人口的近 1/3。贫穷人口比重相当大。世界很不安宁,当今世界的动乱、战争根子还在于资本主义世界的内在矛盾。

（2）我们仍处在马克思列宁主义所判断的总的、大的时代,总的时代特征实质上仍然是新的社会形态与旧的社会形态、资本主义与社会主义、工人阶级与资产阶级,两种社会形态、两条道路、两大力量反复较量。目前,在和平、发展两大主题上的较量,中国和发展中国家要和平、要发展,西方资本主义国家也要发展,但他们反对中国发展,也反对发展中国家发展,它们可以随意出动武力发动局部战争,成为我国与发展中国家和平发展的反对力量。这两大力量、两种历史趋势在较量中有时我上你下,有时我下你上,你中有我,我中有你;有斗争,也有策略上的妥协;有对立不同,也有共同争取发展的共同点,呈现出极其复杂的角斗局面。总体上资本主义走向衰退,但还是强的;社会主义是新生的,但还是弱的。

(3)两种社会形态、两条道路、两大力量的较量必然在意识形态领域表现出来,表现为马克思主义的、社会主义的意识形态、价值取向与资产阶级的、资本主义的意识形态、价值取向的反复交锋和较量,而这种较量又同当今复杂的国家利益、民族利益的诉求,同当今复杂的民族、宗教问题,同全世界维护人类生存环境的共同要求纠结在一起,同求和平、求发展的利益争斗纠结在一起。资本主义意识形态为了掩盖其实质,往往又披上普世的、人权的、全人类的、中立的、抽象的外衣,让人们搞不清楚它的本质。

(4)当前和今后一个时期,中国特色社会主义发展仍处于可以大有作为的难得的战略机遇期。机遇与挑战并存、成绩与问题并存、和平与斗争并存,既是发展的黄金期,又是矛盾的突发期。和平与发展的时代主题没有变,我国基本国情没有变,国内主要矛盾没有变,以经济建设为中心的根本任务没有变,我国正处于发展的战略机遇期,我国发展机遇大于挑战的基本格局没有变,国际环境总体上有利于我国和平发展总体态势没有变。由此判断,当前我国正处于全面建设小康社会的关键时期,深化改革开放、加快转变发展方式、推进经济社会全面发展的攻坚期。必须抓住我国发展的重要战略机遇期,大力推进科学发展。

二　中国人民的正确历史选择问题

一个国家、一个民族应当选择什么样的指导思想,选择什么样的阶级及其政党领导,选择走什么样的道路问题,这就是历史选择问题。我认为,选择社会主义、选择马克思主义、选择工人阶级政党——中国共产党的领导,这是中国人民唯一正确的历史抉择。谈这个问题之前,有两个理论问题需要向同志们交代清楚。

1. 马克思主义的唯物主义历史观

什么是历史观? 就是对人类历史发展规律、趋势的总的看法。唯物主义历史观,即马克思主义历史观,是正确揭示人类社会发展客观规律,说明历史、说明社会、说明人自身的正确的世界观和方法论。为什么这么说呢？一是唯物史观的创立结束了历史学领域并不科学的局面,在人类思想史上,第一次解决了对人类社会历史的科学认识问题。在马克思恩格斯之前,任何一个历史学家或思想家都只是从一个角度、一个领域、一个方面去说明历史、社会和人,而没有从整体上、从规律上说明历史、社会和人,即使说明了,也是错误的。在唯物史观产生之前,社会历史领域总体上是唯心主义占主导,最终都是从抽象人性出发或是从神出发或是从主观出发来说明历史、社会和人。黑格尔已经从辩证法角度揭示了人类社会发展的辩证规律,但他是头脚倒立地说明人类社会,是从唯心主义角度说明人类社会;费尔巴哈已经从唯物主义角度去认识人类社会,但他是从形而上学的人本主义说明人类社会,把人类社会发展的最终原因归结为抽象的人性,仍然返回到唯心主义历史观上。在马克思恩格斯之前,这两个人已经占到了历史学的前沿。所以恩格斯说,如果没有马克思,人类对社会历史的认识还是在黑暗中摸索。正是马克思主义把历史观真正变成了科学,从此人类才有了对历史社会的正确解答。一是发现唯物史观是马克思主义对人类思想史的伟大贡献,是马克思主义的真正创新部分。恩格斯在《在马克思墓前的讲话》中说,马克思一生有两个伟大发现,一是剩余价值理论,一是唯物史观。这两个伟大发现不是在自然观上的,而都是在社会历史观上的。我们讲马克思主义哲学是辩证唯物主义和历史唯物主义两部分组成,实际上,关于辩证唯物主义,马克思恩格斯做的就是把黑格尔的辩证法(人类思想史上辩证法的高峰)和人类历史上唯物主义的精华,如英国 17 世纪唯物主义、法国 18 世纪唯物主义、德国费尔巴哈唯物主义,加以革命的改造,结合在一起了。而创立唯物史观则是人类思想史上的一场真正革命,发现唯物史观是马克思主义哲学的真正创新部分。

2. 历史决定论和历史选择论

唯物史观的核心就是把人类历史发展的最终动因归结为生产力的、物质的、经济的原因,归结为生产力与生产关系、上层建筑与经济基础的矛盾运动,归结为一种自然历史过程,这就是用唯物的、辩证的世界观来认识和说明人类社会历史,从而揭示了历史的客观规律,指明了历史发展趋势。唯物的,就是指把历史发展的最终原因归结为物质的、经济的因素,归结为生产力;辩证的,就是从矛盾运动的角度来认识历史发展,即从生产力与生产关系、经济基础与上层建筑的基本矛盾运动来说明一般社会，从阶级社会的阶级矛盾和阶级斗争来说明阶级社会。这就是唯物史观所坚持的历史决定论。

　　然而说明人类社会并不那么容易，只解决了社会发展的物质原因，并没有彻底解决对人类社会历史的科学认识。因为在马克思恩格斯之前，也有人对社会历史发展做过物质的、经济的、唯物的解释，如庸俗唯物主义，当然也有人在唯心主义框架内对社会历史做过辩证的解释，如黑格尔。这两种解释一种虽然是唯物论，但是机械的、庸俗的、形而上学的唯物论，最终还是导致唯心史观；一种虽然是辩证的，但对最终原因的解释却是唯心的。问题出在哪里？就在于人类社会与其他物质世界不同，与其他动物世界也不同，任何社会活动都是由人的有意识的、能动的、主动的活动组成的。那么人类社会又怎样为不以人的主观意志为转移的客观规律所左右呢？马克思恩格斯找到了实践，实践是肉体的、物质的，然而又是能动地、自觉地、有意识地改造客观世界的社会活动，这就是马克思主义哲学与旧哲学的根本不同点。强调实践的唯物论和实践的辩证法，这就是马克思主义哲学的基本特征，这就是马克思恩格斯的"实践观"。实践，首先是劳动实践，是一种物质的、同时又是人的有意识的活动，使猿变成人，创造社会及其历史，一切社会活动都是人的物质实践的、能动的活动。然而，社会实践又不是一个人的实践，而是千百万人的实践，这种实践就体现出一种不可抗拒的客观规律性，任何个人都改变不了的客观规律性，这就是恩格斯著名的"合力论"观点，"历史是这样创造的：最终的结果总是从许多单个的意志的相互冲突中产生出来的,而其中每一个意志,又是由于许多特殊的生活条件,才成为它所成为的那样。这样就有无数互相交错的力量,有无数个力的平行四边形,而由此就产生出一个总的结果,即历史事变,这个结果又可以看作一个作为整体的、不自觉地和不自主地起着作用的力量的产物。"[1]这样一来,实践论就又回到了物质的、经济的、生产力的发展最终原因上了。然而在历史面前,人不是无所作为的,人对历史是有选择性、有主观能动性的,人的社会实践对社会的巨大改造作用就说明人对历史发展是有选择能力的,但是这种选择又是有条件的,要按照历史发展规律来选择,这就是历史选择论。孙中山先

---

[1] 《马克思恩格斯选集》第4卷,人民出版社,1995,第697页。

生讲:"世界潮流,浩浩荡荡,顺之则昌,逆之则亡。""世界潮流"是历史决定论,谁也不可违背;"顺之则昌,逆之则亡"就是历史选择论,合历史规律的选择是正确的,可以发展;否则,必亡。唯物史观就是历史决定论和历史选择论的结合。人的历史活动是客观的,是不以哪个人的意志为转移的;但人又是有主体选择性的,正确的选择是符合规律的,是可以成功的;错误的选择是不符合规律的,即使暂时可以成功,最终也会受到历史的惩罚。

3. 中国人民正确的历史选择

介绍前两个理论问题,正是为了说明第三个实践问题。可以说,中国人民选择社会主义道路是唯一正确的选择,选择社会主义就必须选择马克思主义指导、选择工人阶级领导、选择工人阶级政党做领导核心。这个道理,我们可以从中国近代史说起,从事实说起。

胡绳同志写的两本书《从鸦片战争到五四运动》《中国共产党的七十年》,可以一读,从中可以领会到我们党的成立和发展的命运是如何同坚持社会主义、坚持马克思主义指导、坚持党的领导紧密联系的,什么时候坚持社会主义、坚持马克思主义、坚持党的领导,什么时候就发展;否则就会受到挫折,就会失败。

翻看中国近代史,可以看到一个丧权辱国、割地赔款、受人欺负的东亚病夫的弱国形象,一幅幅中国人民生活于水深火热之中的悲惨画面呈现在我们面前,真是国之不国、民不聊生。中国近代史的开端是鸦片战争,在鸦片战争之前中国也曾辉煌过。有本书《落日的辉煌》,论述的是中国在康乾盛世之后，开始走下坡路，到鸦片战争沦为弱国的历史教训。

据历史学家统计，康乾盛世，我国的GDP世界第一，占世界总量的1/3。到了鸦片战争，中国沦为半殖民地半封建国家。如何振兴中华民族，如何再创辉煌，这是中华民族一切有志之士共同的理想和奋斗的目标。在近代历史进程中，涌现出一系列有作为的人物，为了中华民族的振兴，做出了不懈的努力，提出了种种救国方案。林则徐启动的禁烟运动，是在维护封建统治的基础上，试图通过禁烟恢复中华民族的辉煌，但这条路根本走不通，林则徐也是最早提出学习西方坚船利炮、学习西方文明的中国高级官僚之一；以洪秀全为代表的太平天国农民运动吸收部分西方文明思想，提出具有农民起义局限性的革命方案，虽然轰轰烈烈，给予了封建统治阶级重大打击,但在中外反动势力的联合镇压下惨遭失败;后来又有了曾国藩、左宗棠、李鸿章、张之洞等人发起的洋务运动,引进西方先进的工业和武器,然而洋务运动的结局是"甲午海战"全军覆没,求富求强的愿望最终化为泡影,洋务运动是在保持原有封建制度的基础上,走一条引进西方工业化的办法,也走不通;日本明治维新的经验带来了希望,日本通过资产阶级改良式革命,走了一条资本主义发展的道路,日本强盛起来了,中国许多有志之士东渡日本,向日本学习,试图选择改良主义的道路,在维护封建统治的制度框架内,通过改良解救中国,以康有为、梁启超为代表的维新派发动了戊戌变法,只搞了一百天("百日维新"),结果戊戌变法的斗士在菜市口被砍头,康有为跑到了日本,皇帝被逼死,后来康有为变成了保皇党;孙中山领导的辛亥革命,走革命道路,推翻了中国几千年的封建专制统治。但是孙中山发动的革命是资产阶级旧民主主义革命,没有从根本上改变旧中国面貌。孙中山革命不成,革命果实被袁世凯篡夺了,袁世凯搞了81天封建王朝的复辟,在一片讨袁声中垮台丧命,中国仍然处于封建主义、帝国主义、官僚资本主义的黑暗统治之下。

在近代中国历史上,旨在救国救民的斗争和探索,每一次都在一定的历史条件下推动了中国进步,但为什么一次一次归于失败?除客观条件外,究其主观上的根本原因就是没有选择正确的道路、正确的领导阶级及其政党,没有正确的理论指导。除了一些旧式农民起义以及对封建制度修修补补的方案外,很多民族复兴的方案,其指导思想是资产阶级政治理论，其主要学习对象是西方资本主义文明，是发展资本主义的经济、政治和文化，走资本主义道路建立现代资本主义国家，革命的领导阶级和领导者是农民阶级、封建阶级的改革派、民族资产阶级及其政党。为什么西方在资产阶级思想武器指导下资本主义民主革命可以成功，而在旧中国却失灵了呢？这是由国内外的客观条件决定的。国内外条件不允许中国建立独立富强的资产阶级民主共和国。帝国主义列强入侵中国的目的，绝不是把封建落后的中国变成强大的资本主义国家。他们要永久地控制、剥削中国，帝国主义列强从自身利益考虑，绝不容许中国变成一个强大的资产阶级民主共和国，必须要维持和强化中国的半殖民地半封建制度。为了维持旧制度，它就需要与封建势力和官僚资本勾结，不允许中国资产阶级强大起来。帝国主义是不允许在中国这块土地上进行资产阶级民主革命的,它只允许中国保持半殖民地半封建制度。中国资产阶级必然是一个软弱的、两重性的阶级,担当不起革命的领导力量。在资产阶级思想指导下的资产阶级旧式民主革命解救不了中国。

毛泽东同志指出:"十月革命一声炮响,给我们送来了马克思列宁主义。十月革命帮助了全世界的也帮助了中国的先进分子,用无产阶级的宇宙观作为观察国家命运的工具,重新考虑自己的问题。走俄国人的路——这就是结论。"十月革命的成功对中国先进知识分子产生了巨大的震撼和影响,使他们开阔了眼界,认识到决定中国人民命运的不是资产阶级,不是资本主义,也不是资产阶级思想武器,而是工人阶级、科学社会主义和马克思主义。在旧中国,运用资产阶级思想武器,走改良的、资产阶级旧民主主义的革命道路不行。辛亥革命为什么失败,救中国的目的为什么达不到,中国先进知识分子通过十月革命接受了马克思主义,开始在马克思主义中寻找答案,冲破了资产阶级民主思想的藩篱,冲破了旧民主主义的民主、科学、爱国主义的精神界限,把马克思主义作为思想工具,选择社会主义作为中国的唯一出路,选择中国工人阶级及其政党作为领导阶级和领导核心。这就是中国人民正确的历史选择。

三 坚持和发展马克思主义问题

中国的成功,在于选择了社会主义的正确道路,而能否坚持社会主义正确道路,关键在于能否坚持中国共产党的领导,而能否坚持中国共产党的领导,关键在于能否坚持和发展马克思主义为指导思想。这就必须回答为什么必须始终坚持马克思主义指导、怎样坚持马克思主义指导这两个问题。

1. 为什么必须坚持马克思主义指导

毛泽东同志说:"领导我们事业的核心力量是中国共产党,指导我们思想的理论基础是马克思列宁主义。"中国共产党是以马克思主义为理论基础和指导思想的工人阶级政党,是马克思主义立党、马克思主义建党、马克思主义兴党,离开马克思主义的正确指导，党就失去灵魂、失去方向、失去生命力、失去事业的发展。在前面已经回答了为什么要坚持马克思主义指导的问题，这就提出了另一个重要问题，即怎样坚持马克思主义指导。

2. 怎样坚持马克思主义指导

因为我们党是重视理论、是把马克思主义作为思想指南的党，因此，怎样坚持马克思主义指导，就成为头等重要的问题。怎样坚持马克思主义指导，实质上是对待马克思主义采取什么态度的问题。对待马克思主义指导有两种根本不同的态度。一种是正确的态度。把马克思主义同中国革命实际相结合，既坚持马克思主义，又发展马克思主义，形成中国化的马克思主义，用中国化的马克思主义指导中国实践。另一种是错误的态度，有三种表现：一是否定马克思主义指导的作用。否定马克思主义指导是右的表现，企图用别的什么理论来代替马克思主义的指导作用。改革开放之初的资产阶级自由化思潮就是从右的方面否定马克思主义。"过时论"也是否定马克思主义的，认为马克思主义是100多年前讲的话，现在已经过时了，马克思主义已经没有生命力了。还有一种右的表现，企图用民主社会主义、自由主义、"普世价值"来代替马克思主义指导作用。这是当前非常值得重视的"右"的倾向。二是轻视马克思主义。有一种经验主义倾向，只相信自己的经验，不相信理论有指导作用。三是对马克思主义采取教条主义的态度，或者叫本本主义，照抄照搬马克思主义，一切从书本出发，一切从条条出发，脱离实际。这三种表现都危害党的事业。

在我们党领导革命与建设的历史上，也曾经有过严重的教条主义，给我们党带来了极大的危害。革命年代，除了陈独秀右倾机会主义给我们党带来重大挫折之外，对我们党的事业危害最大的就是王明"左"倾机会主义。在我们党成立之初，在党还处于幼稚的、不成熟的时期，很容易犯生吞活剥马克思主义、消化不良、照抄照搬的错误。王明的教条主义表现为"左"，甚至极"左"，危害教训很大，打着马克思主义的旗号，穿着马克思主义的外衣，很容易欺骗人。王明教条主义错误，几乎亡了党、亡了革命。王明教条主义有一个著名的"两个凡是"主张，即"凡是马恩列斯讲的话必须遵守，凡是共产国际的指示必须照办"，这是典型的本本主义。遵义会议纠正了王明的错误军事路线，挽救了红军，挽救了党，挽救了革命。延安整风运动从思想路线上彻底清算了王明教条主义，树立了实事求是的思想路线，确立了马克思主义与中国实际相结合的中国化的马克思主义的指导地位。在毛泽东思想指导下，最终取得了中国革命的胜利。

在社会主义建设时期，"左"的错误也曾经导致我国社会主义建设走了一段弯路，从思想路线上来说，"左"的错误也是在一定程度上犯了照抄照搬的教条主义错误。总之，把马克思主义与中国革命、建设、改革的实际相结合，用中国化的马克思主义指导党、指导社会主义实践，这是我们党成功的根本经验。

一要解决好马克思主义学风

马克思主义是我们党的指导思想，这就决定了我们党必须重视理论对实践的指导意义，必须重视并解决好学风问题。毛泽东同志在中央党校开学典礼的一次重要的演讲中,尤其强调了学风问题的极端重要性。他说:"现在我们党还有什么问题呢?党的总路线是正确的,是没有问题的,党的工作也是有成绩的。""那末,究竟我们的党还有什么问题没有呢?我讲,还是有问题的,而且就某种意义上讲,问题还相当严重。"①毛泽东同志讲的严重问题指的是什么呢?主要是三种风气不好。一是学风不正,有主观主义的毛病;二是党风不正,有宗派主义的毛病;三是文风不正,有党八股的毛病。他强调指出:"学风问题是领导机关、全体干部、全体党员的思想方法问题,是我们对待马克思列宁主义的态度问题,是全党同志的工作态度问题。既然是这样,学风问题就是

① 《毛泽东选集》第三卷,人民出版社,1991,第811页。

一个非常重要的问题,就是第一个重要的问题。"[1]学风问题不是一个小问题,而是一个管总的大问题,是世界观问题,是党风问题。

是从本本出发,还是从实际出发,这是对待马克思主义根本态度的分水岭,是采取什么样的学风的分水岭。从哲学上来讲,从实际出发,就是坚持从实践到认识,坚持实践是检验真理的唯一标准的马克思主义哲学世界观,说到底,就是坚持实事求是的思想路线。没有实事求是,就不会以科学的态度来对待马克思主义,就不会有优良的学风。

当前,我们党内存在严重的学风不正问题。学风不正,文风必然不正,文风不正也是学风不正的一个表现。学风与文风问题

---

[1] 《毛泽东选集》第三卷,人民出版社,1991,第813页。

是一个形式与内容的关系问题。文风强调的是表达形式，学风强调的是实质内容，只强调形式，不重视内容，就是形式主义，文风不正问题是形式主义的问题。套话、空话、官话、废话连篇累牍是文风不正、形式主义的突出问题。有的文章"下笔千言，离题万里"，就像蹩脚商贩卖的肉包子，包子皮又厚又难吃，肉馅几乎没有，咬到底也咬不到肉。学风、文风不正问题严重影响着用中国特色社会主义理论体系武装全党的进程，影响着用中国特色社会主义理论体系来解决改革和发展中一系列现实问题的进程，必须加以解决。

学风问题的关键是理论联系实际。理论联系实际，必须做到三点：一是有的放矢，二是学以致用，三是有所创新。理论联系实际，运用马克思主义解决实际问题，必须解决两个实际,一个是工作实际,一个是思想实际。马克思讲,无产阶级在改造客观世界的同时也要改造自己的主观世界。要联系和解决好客观世界和主观世界这两个实际。客观世界的实际,就是工作实际,包括国内外大局的实际、本地区本单位的实际、个人具体工作的实际。主观世界的实际,包括个人的思想实际,如个人的世界观、人生观、价值观,道德作风操行,政治思想状况,等等,还有党内和社会上带有普遍性的思想实际,如社会风气、干部群众的思想状况等。联系客观世界的实际也好,联系主观世界的实际也好,都是运用马克思主义的立场、观点和方法来认识、分析和解决实际问题,在改造客观世界的同时改造主观世界。解决两个实际的问题,就个人来说,一要解决能力问题,即提高运用马克思主义立场、观点和方法分析和解决工作实际的能力;二要解决品德问题,即提高思想政治素质、道德作风素质。解决"两个"实际,归到一点,都是要解决马克思主义世界观、方法论问题,解决立场、观点、方法问题,解决学风问题。

二要解决好马克思主义理论武装

坚持马克思主义指导,就必须解决用马克思主义,特别是用马克思主义中国化的理论成果武装干部、指导实践的问题,即理论武装问题。

工人阶级和人民大众不能自发地产生马克思主义,只能从外面灌输进去。列宁指出:"我们已经说过,工人本来也不可能有社会民主主义的意识,这种意识只能从外面灌输进去。"①列宁又强调说"阶级政治意识只

_____

① 《怎么办?》,《列宁选集》第一卷,人民出版社,1995,第317页。

能从外面灌输给工人"。1904 年,在谈到俄国的阶级斗争问题时,列宁认为党"应该把这个理论通俗化,把它灌输到工人中去",①"把社会主义思想和政治自觉灌输到无产阶级群众中去"。② 坚持用马克思主义教育工人阶级、教育群众,这是马克思主义政党取得胜利的根本法宝。

思想理论建设是党的建设的根本建设。理论武装工作搞好了,全党的马克思主义理论素养提高了,党的事业的胜利发展就有了根本的保证。在 1938 年召开的中共六届六中全会上,毛泽东同志指出:"我们的任务,是领导一个几万万人口的大民族,进行空前

---

① 《什么是"人民之友"以及他们如何攻击社会民主党人》,《列宁全集》第一卷,人民出版社,1984,第 284 页。
② 《我们运动中的迫切任务》,《列宁选集》第一卷,人民出版社,1995,第 285 页。

的伟大的斗争。所以,普遍地深入地研究马克思列宁主义的理论的任务,对于我们,是一个亟待解决并须着重地致力才能解决的大问题。"用科学理论武装全党,不断提高全党的马克思主义水平,是我们党不断取得胜利的基本经验。今天,我们的任务是领导13亿人口,完成发展中国特色社会主义的伟大事业,加强马克思主义理论武装,提高全党的马克思主义水平是一个亟待解决的重大问题。

加强思想理论建设是我们党的一大政治优势,必须切实发挥这一政治优势。为什么这是中国共产党的优势呢?这是由中国国情和中国共产党的党情所决定的。我国是一个农民和小资产阶级占绝大多数的国度,我们党的成分、军队的成分以农民和小资产阶级为主,毛泽东同志提出思想上建党的观点,就是解决这个问题的。每到重大历史关头,党都首先提出理论武装的重大任务。延安整风时期,毛泽东同志亲自发动了党的历史上最深刻的、最系统的马克思主义教育运动,全党认真学习马列主义,达到了思想和行动的高度一致,为取得革命胜利奠定了基础。新中国成立前夕,毛泽东同志把进城比作进京赶考,要求全党进一步开展马克思主义教育,学习马列著作,学习经济和城市管理,为建立新中国创造了条件。十一届三中全会,邓小平同志再次发动了全党的马克思主义教育运动,开展真理标准问题的大讨论,深入学习马克思主义认识论,端正思想路线,为改革开放奠定了坚实的思想基础。

理论武装,最关键的是党的领导干部要读原著,带头学习马克思主义。领导干部学习马克思主义,最重要的是学好马克思主义哲学,学会运用马克思主义立场、观点、方法指导实践。当前主要任务是用马克思主义中国化最新成果即中国特色社会主义理论体系特别是科学发展观武装全党。

三要解决好马克思主义理论创新

坚持马克思主义理论指导和理论武装，必须坚持用创新的、发展的马克思主义武装全党、指导实践，这就需要不断实现马克思主义中国化的理论创新。

马克思主义必然随着实践的发展而创新发展。实践常新，理论也常新。马克思主义是科学的理论，因为它同实际相结合，不断地在实践中解决新问题，提出新观点，形成新理论，这就决定了马克思主义具有创新性的特点。马克思主义创新性决定了马克思主义是科学的，是有生命力的。其生命力体现为马克思主义不是一种宗教信仰，它是建立在人类社会自然科学、社会科学优秀成果基础上的科学体系。首先,马克思主义的立场、观点、方法,马克思主义的世界观、方法论,是科学的、正确的,是指南,是思想方法,是有生命力的。所谓放之四海而皆准的真理,就是指这部分。其次,马克思主义的基本原理是有生命力的,马克思主义所揭示的客观规律和历史趋势而得出的一般结论,是科学的、正确的原理。再次,即使马克思主义经典作家个别结论具有历史局限性,并不说明可以否定马克思主义的科学性。从历史发展的规律来讲,任何一个历史人物都是有历史局限性的。马克思、列宁、毛泽东的认识必然受到各自所处的历史和时代条件的制约,不能不具有一定的历史局限性。马克思主义的科学性主要在于它对社会历史发展客观规律的深刻洞察和揭示,个别结论和论断的过时并不可以否定马克思主义的科学性。

马克思恩格斯创造了马克思主义，他们有一个重要的结论，就是社会主义革命不能在一国首先取得胜利，必须在数国同时取得胜利。这是马克思恩格斯当时的结论。列宁如果不在马克思的基础上前进一步的话，他就不能搞成功俄国革命。列宁分析了他所处的帝国主义和无产阶级革命时代，提出了在资本主义发展的帝国主义时代，经济政治发展更加不平衡，形成了帝国主义统治最薄弱的环节，社会主义革命有可能在帝国主义统治薄弱的环节发生，可以在一国首先取得胜利。列宁创新了马克思主义，这就发展到列宁主义阶段。

列宁主义只是解决了在俄国这样相对落后的国家如何进行社会主义革命。但是在东方这样的大国，像中国这样的半殖民地半封建国家怎么进行社会主义革命、怎么夺取政权、怎么建立社会主义制度，这是毛泽东同志给予解答的。毛泽东同志认为，在落后的国家，像中国这样半殖民地半封建的国家要搞革命必须分两步走：第一步要搞新民主主义革命，第二步不间断地搞社会主义革命。同时要走一条和列宁不同的道路。中心城市暴动夺取政权是俄国革命的具体道路，毛泽东同志领导党开辟了井冈山革命根据地，农村包围城市，走了一条和俄国不同的道路。马克思主义、列宁主义和中国革命实践相结合产生了毛泽东思想。

夺取政权以后，毛泽东同志对新的历史条件下如何建设社会主义，做了一系列的探索，虽然有一些有益的探索，但总的结局是不成功的。这样就提出了一个问题，在中国建设什么样的社会主义，怎样建设社会主义？中国特色社会主义理论体系对这个问题作了科学的回答，解决了在中国这样落后的国家建立社会主义制度以后，如何建设社会主义、建设什么样的社会主义问题，在新的时代条件下，发展了马列主义、毛泽东思想，形成了中国特色社会主义理论体系。

四　世界金融危机问题

世界金融危机是一场什么样的危机,其实质是什么,它给人类社会历史进程、给马克思主义和社会主义前途命运、给中国特色社会主义带来什么样的影响? 必须运用马克思主义的立场、观点、方法加以认识。

由美国次贷危机所引发的世界金融危机是一场资本主义的经济危机,进而引发了资本主义的政治危机、社会危机、意识形态危机,说到底是一场资本主义的制度危机,这是一个总的结论,即定性的结论。这场危机不仅对当代资本主义世界,进而对资本主义制度是一次严重冲击,引发了西方资本主义阵发性的全面衰退,更重要的是进一步反证了中国特色社会主义的成就,证明了社会主义的必然性,也证明了马克思主义的正确性和历史命运。社会主义必然替代资本主义,马克思主义是科学的真理,这就是这场活生生的事实所给定我们应当得出的结论。

怎样得出这个判断呢?学习一下马克思主义的商品经济理论、资本主义经济危机理论,就可以清楚地看出这场世界性危机的实质及影响,看出社会主义的必然性和马克思主义的生命力。

1. 马克思主义商品经济理论

分析人的一滴血,就可以知道人的身体状况。19 世纪细胞学说的发明,从细胞入手分析,解决了对生物体的科学认识。马克思恩格斯从资本主义的最基本的经济单位——商品认识起,剖析了商品内在的二重性矛盾,进而揭示了资本家剥削工人的全部秘密,创造了劳动价值论和剩余价值论,揭示了资本主义不可克服的内在矛盾,得出了社会主义必然代替资本主义的历史结论。

(1)在商品这个最小的又是最基本的资本主义经济细胞中,存在着使用价值与价值、具体劳动与抽象劳动的二重性矛盾,决定了商品经济的基本矛盾,从而决定了资本主义无法化解的内在矛盾。马克思恩格斯指出,在私有制条件下,商品的使用价值和交换价值的矛盾表现为劳动的二重性矛盾,即具体劳动和抽象劳动的矛盾,表现为私人劳动和社会劳动的矛盾,构成商品经济的基本矛盾,扩大为资本主义的生产力与生产关系的矛盾,即私人所有制与社会化生产力的矛盾,是不可克服的。

(2)市场经济是人类社会自然历史进程中的一个必经阶段,是人类社会发展所不可逾越的经济发展历程。马克思恩格斯告诉我们,人类社会依次经历的自然经济、市场经济、有计划的产品经济三大经济形态过程,是人类历史进程中不同社会形态的物质的、经济的社会内容和基础,是人类社会不断向前发展所必然经历的自然历史进程,就像人从出生必然经过少年、青年、中年、老年,最后到死亡的自然过程一样,不可能跳跃式成长,当然在每个年龄段内的时间长短、具体成长形式有所不同。而与这三大经济形态相适应的生产关系(即经济制度)和在生产关系基础上所建立的上层建筑(即政治制度、文化制度等),与社会制度相适应的社会体制的具体形式都是可以改变的,甚至是可以逾越的,但经济发展的三个物质经济阶段则是不可以逾越的。马克思恩格斯原来认为社会主义不存在商品和市场经济,苏联和一系列社会主义国家失败、中国发展社会主义前30年受挫，一定程度上与形成了高度集中的、僵化的、排斥市场经济的计划经济体制有关系。学习商品经济理论，可以形成这样的看法，市场经济产生的根本原因是私有制，但市场经济发展到一定程度可以与公有制相结合，最后由新的社会经济形态所代替。与自然经济相适应的原始社会末期，生产力发展，有了剩余产品，产生了私有财产，逐步产生了私有制，在私有制的驱动下，逐步形成了商品交换，有了商品和商品经济。但是在封建社会还是以自给自足的小农经济为主，虽然有市场、有商品交换，但还没有形成占主导地位的、健全的市场经济体系。资本主义大工业生产造成更多的剩余产品，市场不断扩大，随之产生市场经济。市场经济是资本主义的一大发明、一大贡献,然而市场经济最终又要走向消亡,但它必须经过与公有制相结合的市场经济的充分发展,才会走向消亡。这是因为资本主义内部孕育新的社会化的大生产,市场经济则是社会化的经济,与社会化的生产力相匹配。在资本主义发展进程中,与社会化的生产力、市场经济相适应,形成了某些社会化的生产关系的萌芽,如股份制、社会资本等,为市场经济与公有制结合创造了前提,造成了公有制与社会主义制度相结合的可能性,这种可能性为中国特色社会主义变成现实。然而,公有制最终是要与有计划的产品经济相适应,但是要经过很长的历史过程,公有制高度成熟,生产力高度发展,市场经济才能逐步为有计划的、更高级的产品经济社会所代替,这就是未来的社会形态。中国共产党人对社会主义运动的一个大贡献,就是在理论与实践上把市场经济与社会主义制度结合在一起,走出了一条中国特色社会主义道路。在市场经济不发达、生产力很落后的条件下,社会主义革命成功的国家,必须大力发展生产力和市场经济,市场经济则是它不可逾越的自然历史过程。

2. 资本主义经济危机理论

(1)商品经济基本矛盾是危机产生的总根源。资本主义私有制条件下商品的二重性矛盾的不可克服性,造成资本主义周期性的经济危机的恶性循环,资本主义在克服了、又爆发了的、持续的、阵发性的危机中,逐步走向灭亡。商品所内含的劳动二重性矛盾决定了价值和使用价值的二重性矛盾的进一步演变,表现为商品与货币的对立形式,进一步表现为实体经济与虚拟经济的对立形式,表现为货币的分离与独立、虚拟经济的分离与独立。由于商品生产是私人生产,商品是私有的,这就会使价值与使用价值、商品与货币、具体劳动和抽象劳动具有不可调和的对抗性质的分离和对立,在一定条件下,越来越激化,越来越背离,越来越独立。在资本主义长达几百年的历史中,货币越来越背离商品,虚拟经济越来越背离实体经济,这就构成了金融泡沫、金融危机乃至全面危机的内在成因。

(2)资本、金融资本的固有本性是金融危机产生的直接原因。资本在资本主义生产过程中,形成了三种资本形态:生产资本、商品资本和货币资本。它们是一致的,同时也是不断分离和矛盾对立的。随着货币资本的发展,逐渐独立,形成借贷资本、股份资本、银行资本、金融资本和信用制度,形成借贷资本市场、证券市场,有了股票、公司债券、国家公债、不动产抵押债券等有价债券及其市场，可以为所有者带来一定的利息收入，给人们一种钱能生钱的错觉。在货币流通过程中形成赊购赊销，形成错综复杂的债务连锁关系。随着纸币化、证券化和信用制度的发展，逐步形成了虚拟资本和虚拟市场。虚拟资本同实际资本分离，而且虚拟资本的质和量也是背离的。据专家统计，美国虚拟经济资本的虚假财富高达400万亿美元，大大超过了美国实体经济资本，达30多倍。这次奥巴马新政提出要恢复美国的实体经济，也注意到了这个问题。随着资本的发展、垄断资本的形成、金融资本和金融寡头的产生，"它再生产出了一种新的金融贵族，一种新的寄生虫——发起人、创业人和徒有其名的董事；并在创立公司、发行股票和进行股票交易方面再生产出了一整套投机和欺诈活动。"①金融资本的独立性、逐利性和贪婪性是形成金融危机的直接原因。有一本书《货币战争》，同志们可以读一读。

（3）资本主义危机具有周期性、阵发性、恶性循环性。资本主义进入大机器工业时期，从 19 世纪开始，由于不可克服的内在矛盾所决定，每隔若干年就要经历一次经济危机，严重的经济危机导致全面的社会危机。经济危机是私有制条件下商品内在二重性矛盾不可克服的外部表现，每隔一段时间重复一次，是一种周期性出现的现象。1825年，英国第一次爆发并引起全球范围的工业危机；1836 年，英国又发生了经济危机，波及美国。1847～1848 年，经济危机席卷英国、美国和欧洲大陆。然后，1857 年、1866 年、

① 《马克思恩格斯全集》第二十五卷（上），人民出版社，1972，第496页。

1873年、1882年、1890年,每隔几年都要爆发一次世界性经济危机,以1873年危机最为深刻,大大加强了资本和生产的集中,促进垄断组织的形成和发展,向垄断资本主义过渡。

20世纪初叶,1900～1903年和1907年爆发了两次经济危机。资本主义世界又经历了1920～1921年、1929～1933年和1937～1938年三次危机。1929～1933年危机是最深刻、最严重的一次,这次危机持续4年之久,整个资本主义世界工业产量下降44%,贸易总额下降66%。1933年失业人口达3000万人。

二战后,资本主义总危机进一步加深。美国1948年、1953年、1957年、1960年、1969年、1973年、1980年、1990年和2007年先后爆发9次经济危机。1957～1958年、

1973～1975 年、1980～1982 年、2007 年危机波及加拿大、日本和西欧主要国家,直至最近这次金融危机。

(4)周期性的经济危机,在资本主义发展过程中不断交替反复出现,形成了资本主义在"危机—缓解—危机"中颠簸起伏的发展历程,最终走向灭亡。资本主义的一时繁荣,只不过是新的经济危机到来之前的预兆,资本主义会在周期性阵发的经济危机中逐步走向灭亡。在高涨时期,资产阶级大肆宣扬资本主义的"永久繁荣""千年王国",而等危机到来,"永久繁荣"神话又像肥皂泡一样破灭。经济危机是资本主义制度对抗性矛盾的定期爆发,清楚无误地表明资本主义生产方式的历史局限性,已然爆发的危机深刻暴露了资本主义对抗性矛盾还会进一步加深,会更尖锐、更激化。

3. 世界金融危机的实质

搞明白了马克思主义的商品经济理论和资本主义经济危机理论,就可以明白无误地得出如下结论:

(1)要从私有制条件下商品与商品交换的内在矛盾出发,来认识资本主义制度的不可克服的内在矛盾,进而认识危机产生的制度本质。商品经济的二重性矛盾潜伏着危机的可能性,资本主义私人占有制度使危机成为必然现实。资本主义私有制是形成金融危机的深层制度原因,现代资本主义危机产生的根本原因在于私有化制度,一方面生产力发展到高度社会化,资本也高度社会化;而另一方面生产资料和成果越来越为一小撮金融垄断寡头所有,这种生产的高度社会性同生产资料(金融资本)高度私人垄断性的资本主义基本矛盾,使商品经济内含的危机可能性转变成危机必然性。由此看来，经济危机是资本主义经济制度本身所造成的，是资本主义生产方式内在矛盾的产物。要消灭危机，就必须消灭资本主义制度。商品经济的内在二重性矛盾只构成产生危机的可能，而资本主义私有制度使危机的产生成为现实。

（2）要从制度层面、本质层面认识社会主义市场经济与资本主义市场经济的一致与差别，科学解决社会主义市场经济发生危机的可能性和有效规避风险的可能性和可行性。

马克思对商品和商品交换的内在矛盾，从而对市场经济内在矛盾的科学分析，适用于任何形式的市场经济，无论是资本主义市场经济，还是社会主义市场经济，概莫能外。然而同样的市场经济与不同的生产资料占有方式,即与不同的社会制度相结合,具有不同的性质和特点,可能会产生不同的结果。社会主义市场经济与资本主义市场经济的本质区别就在于与市场经济结合的生产资料占有方式不同,这种占有方式的不同决定了社会主义制度与资本主义制度的本质不同,从而决定了社会主义市场经济与资本主义市场经济的本质不同。资本主义市场经济的私有制本质决定了经济危机的最终不可避免性(当然一定条件下是可以缓解的),社会主义市场经济的公有制本质决定了经济危机的可规避性、可防范性。我国社会主义市场经济是与公有制制度相联系的市场经济,它有一般商品生产的特性和一般商品生产所具有的内在矛盾,因而它也有一般市场经济内在矛盾引发的金融危机和经济危机爆发的可能性。如果对发生危机的可能趋势不重视,不采取措施加以规避和防范,也会影响社会主义制度的兴衰存亡。但另一方面,它又具有与资本主义市场经济不同的本质特性,它与公有制制度相联系,采取有效措施,是可以规避和防范一般商品经济的内在矛盾可能引发的金融危机和经济危机的。社会主义国家发展市场经济,必须巩固占主体的社会主义公有制和占主体的按劳分配制度,加强国家调控和计划性,这是克服不利面的根本性、制度性措施。

(3)资本主义与新自由主义是两个层面的问题,一个是制度层面,一个是意识形态层面、治理操作层面。从制度层面看,资本主义制度是社会历史进程中的资本主义社会形态的根本标志,是资本主义社会本质的东西。而新自由主义是资本主义的意识形态,是维持资本主义制度的思想理念。从资本主义制度来说，也有两个层面，一是制度层面，即本质层面；二是非本质层面，即体制、操作层面。从制度层面看，资本主义制度是必然要灭亡的，但也要一分为二。就目前资本主义来说，它还有进一步容纳其生产力发展的一面，没有到最终灭亡期，还有生命力，它必然走向灭亡，然而是逐步灭亡，要经过很长的历史阶段，不是一下子就灭亡了。从体制层面看，资本主义的具体体制、机制，包括具体管理、策略，有许多成熟的、先进的、有用的东西，需要我们吸收，当然也不能全盘接受。从新自由主义本身来说，一个是意识形态本质层面，一个是技术操作层面。新自由主义一方面作为当代资本主义的主流意识形态，是金融垄断和国际垄断集团的核心理念和价值观念，必须坚决批判反对；另一方面又是如何治理市场经济的理念,按照这种理念形成的运行模式,是体制、技术操作层面上的问题。自由主义作为治理市场经济的理念和操作方法,对市场运作有一定的可取之处。如何管理社会主义市场经济,我们可以批判地借鉴新自由主义一些有价值的认识和做法。从这个意义上来说,新自由主义又是技术操作层面、体制层面上的问题。

所谓新自由主义,秉承了资本主义古典经济学家亚当·斯密的自由竞争理论,以复兴古典自由主义理想、尽量减少政府对经济社会的干预为主要经济政策目标的思潮。这种新自由主义又被称为市场原教旨主义或资本原教旨主义,或"完全不干预主义"。新自由主义的代表理念体现为形成于20世纪80年代末90年代初的"华盛顿共识"。因其在20世纪70年代凯恩斯主义无法应付滞胀问题而兴起,在里根、撒切尔时代勃兴,因此,又称其为"里根主义"。新自由主义的特点,是高度崇拜资本主义自由市场力量,认为资本主义条件下的市场是高效率的,甚至是万能的。经济运行中的所有问题,都可以由市场自行调节和解决。主张彻底的私有化,反对国有化,放松政府管制,主张进一步开放国际、国内市场,实行贸易自由化、利率市场化,将各个国家的经济纳入由世界银行、国际货币基金组织和世界贸易组织主导的经济全球化体系当中。新自由主义极力鼓励以超级大国为主导的全球一体化,着力强调要推行以超级大国为主导的全球经济、政治、文化一体化,即全球资本主义化。新自由主义本质上是反对社会主义、反对马克思主义的资本主义意识形态。

在第三次世界性历史转折过程中,资本

主义不可一世。在西方有一帮新自由主义吹鼓手，认为新自由主义就是灵丹妙药，能够包治百病，认为市场经济这只"看不见的手"能够解决所有问题，而忽略了"看得见的手"，大力推崇自由市场经济治理理念和运作模式。就治理理念和模式来说，在市场经济活动中历来要讲"两只手"，不能只讲"看不见的手"，不讲"看得见的手"。当然，调控到多少合适，这需要科学把握。市场经济不能只要市场不要计划，也不能只要计划不要市场。实践证明，在现有生产力条件下，只要计划不按市场规律办事是僵死的，只要市场不要计划调节也是不行的。放任"看不见的手"操控市场，必然放大市场经济的消极面，纵容资本的破坏性，使它逐利贪婪的本性无所顾忌，导致危机爆发。只有用"看得见的手"加以调控，才能驱害兴利，促进市场经济的健康发展。当然,"看得见的手"对市场的干预必须建立在对规律的把握上,不能随心所欲,任意而为。对市场的调控不能影响市场作用的发挥,否则将把市场管死。只讲自由发展,放任不管,是另一种违背规律的表现。从撒切尔、里根开始实行新自由主义政策,对有管制的资本主义治理模式和体制实施改良,到现今,美国金融危机引发的全球性危机的爆发,已然证明新自由主义并不灵光。

(4)美国"次贷危机"不可遏制地蔓延为全球性危机,向世界再次证明马克思关于资本主义周期性经济危机和资本主义生产方式必然灭亡理论的真理性。马克思认为,资本主义周期性经济危机不可避免,"危机最初不是在和直接消费有关的零售商业中暴露和爆发的,而是在批发商业和向它提供社会货币资本的银行中暴露和爆发的。"①只要不改变资本主义的私人占有制,商品的内在矛盾、资本主义内部固有的矛盾,就无法从根本上得到化解,必然表现为周期性的世界性的经济危机。

关于美国"次贷危机"引发的全球性金融危机及经济危机产生的原因,对我国造成的影响和解救的措施,发表的见解已经很多了,其中不乏真知灼见。有的认为,美国居民消费严重超过居民收入,无节制的负债、无管制的市场、无限制的衍生金融工具、无限制的投机、无限制的高额利润和高收入是金融危机爆发的重要原因。有的认为,美国的消费模式、金融监管政策、金融机构的运作方式,美国和世界的经济结构等因素,是

---

① 《马克思恩格斯全集》第二十五卷(上),人民出版社,1972,第340页。

金融危机的基本成因。有的认为,房地产泡沫是金融危机的源头祸水,金融衍生品过多掩盖了巨大风险,金融监管机制滞后造成"金融创新"犹如脱缰之马,是金融危机爆发的真正原因。也有的认为,金融危机是某些金融大亨道德缺损所致。还有的认为,金融危机本质上是美国新自由主义市场经济治理思想和运行模式的严重危机。当然也有从资本主义弊病、资本的逐利本性和金融资本的贪婪性来分析金融危机的成因,在一定程度上涉及资本主义根本制度问题。但是总的来看,目前形成的关于金融危机成因最普遍的解释许多还停留在现象层面、非本质层面上,即技术操作层面、治理理念和运行模式、管理体制层面上,如超前过度消费、房地产泡沫、金融衍生品泛滥、金融创新过度、金融监管不严、新自由主义思想作祟,等等。

运用马克思主义的立场、观点和方法，从本质上、制度层面上科学揭示危机的产生原因，预测危机的发展趋势，提出防范解救的措施，尚远远不够。

仅仅局限于从金融和金融危机现象本身来看待这场危机，不联系私有制条件下商品和商品交换的二重性内在矛盾，不联系金融资本逐利本性，不联系资本主义制度本质，难以回答像美国这样所谓"完美"的市场制度为什么没有能防止金融危机的爆发，难以看清危机的实质和深层原因，难以认清资本主义制度是造成危机的根本原因。

对于我国这样实行市场经济的社会主义制度国家来说，如果不更深一步地从根本制度上认识这场危机的成因、本质，就无法从根本上找到规避、防范、克服危机的办法和措施。不看到本质，不在根本病根上下药,治标,难治本,很难建立防范危机于未然的制度性、长效性的规避防范体系。因而认清这场危机的本质,对于建立社会主义市场经济体系的我国,如何建立规避、防范、克服危机的制度保障和长效机制,无疑有着深远的现实意义。

(5)必须充分认识市场经济和资本的两面性,把公有制与市场经济相结合的社会主义,在运用市场经济和资本时,一定要注意这种两重性,发挥社会主义制度的优越性,发挥其积极性,遏制其消极性,规避市场经济和资本的消极面。市场经济是有两面性的,积极的一面是能够最有效地配置资源,最大限度地调动积极性,推动经济的发展;消极的一面是极大加强资本的逐利性和贪婪性,促成两极分化,引发经济危机。在资本主义私有制条件下,市场经济一方面发挥其强大的推动经济发展的拉力作用,在资本主义几百年的发展历程中创造了巨大的发展成就。但另一方面,资本主义的私人占有性又使市场经济的消极面不断膨胀,带来拜金主义、个人主义等消极的东西,不断背离积极面,使商品和商品交换固有的内在矛盾不断激化,引发一波又一波的经济危机。市场经济是一把双刃剑。资本主义对人类社会最大的一个贡献是发明了市场经济,并且发展了市场经济。资本主义在发展进程中,既尝到了市场经济的甜头,又吃尽了市场经济的苦头。甜头是资本主义搞了几百年市场经济,产生了美国这样的超级大国,产生了日本、德国、法国、英国这样发达的资本主义国家,带动了整个世界全球化的发展。资本主义在发展过程中一共吃了四次阶段性的大苦头。第一次是在资本主义自由竞争阶段。从 1825 年开始，每隔 10 年就爆发一次经济危机。资本主义在自由竞争时期，在发展经济的同时，没有注意"蛋糕"的分配问题，导致了工人阶级和资产阶级矛盾激化，工资下降，绝对贫困，工人阶级壮大，阶级斗争愈演愈烈，导致 1873 年爆发了资本主义空前激烈的世界性危机，这场危机持续了 5 年。列宁曾说过，危机伴随着革命，爆发了 1871 年的巴黎公社革命和一系列激烈的工人运动。第二次是在垄断资本主义阶段。列宁认为帝国主义是垄断的、腐朽的、最高的资本主义。资本主义由自由竞争阶段发展到了垄断阶段，形成垄断资本主义，即帝国主义，企图用垄断的办法来克服自由资本主义的矛盾，克服市场经济的弊端，结果不但没有克服资本主义已有的矛盾，反而加剧了资本主义的内在矛盾。资本主义用第一次世界大战,即国与国之间的战争来转移国内的阶级矛盾。帝国主义矛盾与战争引发了俄国十月革命。第三次是在 1929 ~ 1933 年资本主义世界性的总经济危机阶段。这是资本主义发展以来最大的一次危机,对资本主义有致命打击。结果爆发了第二次世界大战。工人阶级和资产阶级的矛盾相当激化。二战的结果是出现了一系列社会主义阵营。第四次是在现代资本主义阶段。二战之后一段时间,资本主义吃够了苦头,陷入了空前的内在矛盾。20 世纪 50 ~ 60 年代,日本工人运动、美国黑人运动、西欧工人运动风起云涌。此时,资本主义国家一些有远见的政治家,开始着手对资本主义内在的阶级矛盾进行调和。用二次分配的办法来软化和缓和工人阶级同资产阶级的矛盾,形成了今天庞大的中等收入阶层。资本主义的内在矛盾相对缓和了。通过这个历史过程，可以看出，在市场经济发展过程中，一方面带来高效益；另一方面，如果不注意的话，也会带来高失业、高差别、高消耗、高代价。今天，我们在市场经济条件下搞社会主义建设，应该统筹兼顾地解决好分配差别问题，解决好城乡贫困问题，解决好社会就业问题，解决好经济社会协调发展问题。

市场经济所孕育出来的资本也具有与生俱来的两面性，一方面资本逐利性对调节市场、配置资源、调动积极性、推动经济发展具有积极作用；而另一方面，资本的逐利性又会导致经济失衡、两极分化，造成严重的危机，对经济社会发展产生消极破坏性。在资本主义私有制条件下，资本的贪婪本性是无法最终受到遏制的。马克思认为，在资本主义生产方式中，"生产剩余价值或赚钱，是这个生产方式的绝对规律"。① 资本是带来剩余价值的价值,资本绝不会放弃对剩余价值的追求,其本性是逐利的。"一旦有适当的利润,资本就胆大起来。如果有百分之十的利润,它就保证被到处使用;有百分之二十的利润,它就活跃起来;有百分之五十的利润,它就铤而走险;为了百分之一百的利润,它就敢践踏一切人间法律;有百分之三百的利润,它就敢犯任何罪行,甚至冒着绞首的危险。"② 在资本主义发展史上,资本的这种逐利贪婪本性暴露无遗。从原始积累,到殖民剥夺,再到战争掠夺,"资本来到世间,从头到脚,每个毛孔都滴着血和肮脏的东西"。③ 就当今世界发达资本主义各国来

① 《马克思恩格斯全集》第二十三卷,人民出版社,1972,第 679 页。
② 《马克思恩格斯全集》第二十三卷,人民出版社,1972,第 829 页。
③ 《马克思恩格斯全集》第二十三卷,人民出版社,1972,第 829 页。

说,没有一个是靠民主制度发达起来的,都是靠剥削本国和他国工人阶级和劳动人民的剩余价值,用明火执仗的殖民剥夺和战争掠夺完成了原始积累,用劳动人民的汗水和鲜血筑起了资本主义的"繁荣国度"。当然,几百年过去了,资本明火执仗的剥削和掠夺方式已难以为继了,发展到国际金融垄断资本主义,改变了攫取剩余价值的方式,转换了剥削手法,借助金融创新、垄断金融市场、操控全球经济,把他国的财富通过各种金融手段转移到自己手中,靠金融诈骗掠夺维持自己的繁荣。美国就是利用金融手段这种圈钱、骗钱的游戏,确立了美元帝国,正像有人讲的:"美国花钱,全世界买单。"正是金融资本的投机贪婪性,造成了今天的金融危机,只不过今天的掠夺和原始的掠夺形式不一样了。

社会主义市场经济与资本主义市场经济的一个本质区别就是对资本的占有方式不同。在资本主义条件下，高度集中的私有制在当前突出表现为国际性金融资本的高度垄断，加重了资本的贪婪性和毫无顾忌的投机运作，决定了资本的贪婪和逐利本性的不可遏制性与高效运行的速度。当然，一旦资本的贪婪性发展到危害资本主义制度本身的程度，资产阶级内部就会产生一定要控制这种贪婪性的理念和操作，否则资本主义制度就要被毁灭。这就产生了对市场和资本加以管制的治理理念和模式，这就是保守主义，即有管制的市场经济治理理念，如凯恩斯国家干涉主义。而一旦情况好转，又会产生对市场和资本放任自流的治理理念和模式，这就是自由主义。在资本主义发展史上，由于危机—缓解—危机的交替运行，就形成了有管制的和放任自流的两种市场经济治理理念的交替使用。特别是苏东解体后,西方一些人头脑发热,自视资本主义制度是千年不变的资本帝国,自认为完全放任的自由市场体制是成功的。于是新自由主义应运而生。

(6)美国金融危机及其引发的波及全球的危机既是资本主义金融危机,又是全面的社会危机,说到底是制度危机,从思想交锋角度看,必然引起资本主义意识形态危机,引起资本主义与社会主义两种意识形态、两种价值取向的较量。

五　马克思主义和社会主义的历史命运问题

2007 年由美国"次贷危机"所引发的世界金融危机,进而诱使资本主义世界发生的全面危机,已经持续四年多了,尽管人们采取了种种救市措施,但它仍在顽强地发挥着负面影响,引发了欧洲主权债务危机、日本经济持续低迷、震撼美国连带整个西方世界的"占领华尔街"运动及多国罢工、游行、骚乱等一系列经济、政治、社会事变,强烈地冲击着整个世界经济并改变着世界格局。以此为时间节点,以世界性危机现象为反光镜,追溯到 19 世纪中叶,马克思恩格斯创立科学社会主义至今一个半世纪以来,社会主义与资本主义两大力量、两种历史趋势生死博弈的风风雨雨,充分印证了马克思主义经典作家关于资本主义必然灭亡、社会主义必然胜利的历史发展大趋势的科学论断是颠扑不灭的真理,雄辩地证明了社会主义、马克思主义的旺盛生命力,昭示了社会主义与马克思主义的历史命运。

(1)纵观一个半世纪以来的世界历史进程,雄辩地证明社会主义的必然性和马克思主义的真理性。辩证法告诉我们:任何事物的发展都不是直线上升式发展,而是波浪式地前进、螺旋式地上升、曲折式地发展,社会历史发展也是如此。世界历史进程就是这一历史辩证法的铁定案例。社会主义运动正是遵循这一历史辩证法的逻辑在曲折中前进,虽有挫折与失败,但总体上是循时前行的,这一历史进程恰恰从实践角度检验了马克思主义颠扑不灭的真理性。

对社会历史规律的观察，历时越久、跨度越大，也就越看得明白，其判断也就越经得起实践检验。世界历史进入资本主义社会形态的发展阶段，即伴随着工人阶级与资产阶级，社会主义与资本主义两个阶级，两种社会制度、两大历史前途的博弈，其历史较量的线索、特点、规律与趋势，随着历史的发展、空间的变换、时间的推移，越发清晰，人们也看得越发清楚，其历史必然性越发显现，越发显示马克思主义的科学性。

回眸一观，可以清楚地看到，从科学社会主义诞生以来，世界历史进程已经发生了四次重大转折，社会主义呈由低到高、再到低、再从低起步之势，标志着社会主义在斗争中、在逆境中顽强地生长。这一历史进程尽管曲折，有高潮，也有低潮；有前进，也有倒退；有成功，也有失败，但在总体上印证了马克思主义关于社会主义必然胜利的历史发展总趋势的判断是完全正确的,同时也说明社会主义战胜资本主义的历史进程不会是一帆风顺的,也绝不可能在短时间内实现,必须经过一个相当长的历史跨度,经过几十代甚至上百代人千辛万苦甚至抛头颅洒热血的献身奋斗才能到来。既要看到历史发展的总趋势,坚信社会主义是必然要取代资本主义的,这是一个不可抗拒也不可改变的历史趋势;同时要看到,社会主义代替资本主义是一个漫长的历史进程,充满曲折,充满斗争,甚至有可能出现暂时的倒退与挫折。既要反对社会主义"渺茫论",又要反对社会主义"速胜论"。不能因为挫折和失败,就对实现社会主义丧失信念和信心,也不能因为顺利和成功,就对实现社会主义心存侥幸和性急。

四次世界性历史转折可以分前两次和后两次。前两次转折是发生在 20 世纪初叶和中叶,即二战结束前后。社会主义运动从兴起到发展,资本主义则由资本主义革命兴起的上升期,经过 19 世纪矛盾四起的自由竞争资本主义时期和垄断资本主义时期,经过一系列经济危机和两次世界大战的折腾,逐步走向下降期。

第一次世界性历史转折发生在 20 世纪初叶,其标志是 1917 年爆发的十月社会主义革命。19 世纪中叶,马克思主义经典作家创建科学社会主义,替代了空想社会主义,工人运动从此有了正确的指南,纳入了科学社会主义轨道,开创了世界工人运动和社会主义运动的新篇章。进入 20 世纪初叶,科学社会主义理论指导的社会主义运动由轰轰烈烈的工人运动实践变成了社会主义制度实践。列宁成功地领导了十月社会主义革命,建立了第一个社会主义制度国家,这是 20 世纪初叶最重大的世界性事件,从此开启了人类历史的新纪元,社会主义运动开始走向阶段性高潮。

第二次世界性历史转折发生在 20 世纪中叶,其标志是 1945 年二战之后一系列国家社会主义革命成功,形成了一个社会主义阵营。矛盾激化引发危机,危机造成革命机遇。20 世纪初叶爆发的第一次世界大战、20 世纪中叶爆发的第二次世界大战,都是资本主义不可克服的内在矛盾激化的结果。自由竞争资本主义由于其不可克服的内在矛盾而导致垄断,垄断资本主义代替自由竞争资本主义,不仅没有克服自由资本主义愈演愈烈的固有矛盾,反而进一步加剧了矛盾。早在自由竞争资本主义阶段,其固有矛盾不断激化,导致从 1825 年开始,每隔 10 年爆发一次经济危机,危机的累加加紧演变成 1873 年的资本主义空前激烈的世界性危机,这次总危机及之后不断叠加的危机,最终导致第一次世界大战的爆发。战争只能恶治危机、加重危机,一战之后旋即爆发了 1929~1933 年资本主义世界性大危机,资本主义步入了严重的衰退。面对这场空前的资本主义世界大危机,世人惊呼"末日来临""资本主义已经走到尽头"。危机的结果又要依靠战争来解决问题。战争是缓解资本主义内在矛盾、转嫁危机的外部冲突解决方式,但不能从根本上克服资本主义内在矛盾。垄断资本主义内在矛盾的进一步激化导致第二次世界大战爆发。第二次世界大战仍然是在帝国主义国家之间的争斗中始发的,西方资本主义制度是无法遏制战争的。当时只有社会主义苏联靠社会主义制度的优越性动员全体人民、联合世界上一切反法西斯的力量,战胜德国法西斯,赢得了战争。两次大战,标志着资本主义逐步走向衰落,资本主义败象显见。危机与战争给革命带来前所未有的机遇,一战期间,俄国率先从资本主义统治的薄弱环节突破,建立了社会主义制度。二战前后,正是苏联及一系列社会主义国家崛起之时。中国等一系列落后国家革命成功,从东方站立起来了,建立了一系列社会主义国家,形成了社会主义阵营,社会主义国家占全球总人口的15%。1958年,毛泽东同志有一句话:"敌人一天天烂下去,我们一天天好起来。""不是西风压倒东风,而是东风压倒西风。"对形势总的估计虽过于乐观,但不乏反映社会主义高潮的一面。相反,战后资本主义社会矛盾和总危机进一步加深，连续爆发危机，并波及北美、日本和西欧主要国家，演变为世界性危机。资本主义整体实力下降，遭受重大打击。当然，在西欧资本主义国家衰落时期，优越的国际环境和国内条件，致使美国这一新兴的资本主义国家抓住了战争机遇迅速兴起，代替了老牌资本主义国家。二战后的一段时间，资本主义发展处于低迷状态，而社会主义发展却处于上升状态，社会主义运动出现阶段性高潮。

从国际走势来看，20 世纪 80～90 年代至今的 20 余年中，又接连发生了后两次重大的世界性历史转折。社会主义运动由高潮到低潮，然而以中国特色社会主义为重要标志的世界社会主义却开始走出低谷。资本主义由低迷困境进入高速发展时期，美国金融危机却诱使现代资本主义濒入险境，呈衰退之势。

第三次世界性历史转折发生在 20 世纪末叶,其标志是 20 世纪 80 年代末 90 年代初的苏东剧变、社会主义阵营解体。社会主义进入低谷,这使世界形势发生了自二战以来最为重大的变化与转折。二战之后,20 世纪上半叶,社会主义走上坡路,资本主义走下坡路。但世界进入 20 世纪下半叶,社会主义诸国却放慢了发展速度,甚至出现了停滞和负增长,导致社会主义诸国经济社会发展受挫,特别是苏联、东欧蜕变,我国经济发展走了 20 年弯路,直到"文化大革命"爆发,濒临崩溃的边缘,社会主义面临举步维艰的境遇。现代资本主义吸取资本主义发展进程中的经验教训,同时也吸取社会主义国家发展的经验教训,展开资本主义改良,现代资本主义进入相对和缓发展时期。当然在资本主义相对和缓发展时期,危机也并没有中断,八九十年代美国就多次爆发波及世界的危机。这次转折表明,社会主义处于发展的低潮,现代资本主义处于相对缓和稳定的发展期。伴随着这个历史性转折,我国及国际上出现了一系列新情况、新问题,这对中国20世纪末叶以来至21世纪以来很长一段时间的社会主义发展进程产生着深远影响。中国艰难起步,坚定不移地推进1978年启动的改革开放,成功地开辟了中国特色社会主义发展道路。

第四次世界性历史转折发生在21世纪初叶,其标志是2008年爆发的世界金融危机。这对世界发展格局和中国特色社会主义建设产生的影响仍无法估量。有句俗话"三十年河东,三十年河西",短短二三十年时间,中国特色社会主义的成功使世界社会主义运动呈低潮中起步之势。从 2006 年至 2011 年,5 年间我国国内生产总值(GDP)年均实际增长 11.2%,比"十五"期间平均增速 9.8%加快 1.4 个百分点,比世界同期水平快 8 个百分点。2009 年我国 GDP 居世界的位次由 2005 年的第四位上升到第三位,占世界经济总量的比重达到 8.5%,比 2005 年上升 3.6 个百分点。2010 年我国 GDP 总量已达 39 万亿元,人均 GDP 达 4000 美元,经济总量居世界第二位。与此同时,2011 年,我国外汇储备和财政收入分别达到 3.181 万亿美元和 10.37 万亿元,位居世界前列。钢、煤、水泥等主要工业产品产量稳居世界第一位。联合国发表的 2009 年世界经济报告指出,如果中国能够在 2009 年实现 8%的经济增长,对世界经济增长的贡献将达到惊人的 50%。这意味着中国经济当之无愧地成为 2009 年带动全球经济复苏的最强引擎。2011年,我国外贸进出口总额为36421亿美元,是2005年的2.56倍,世界排位从2005年的第三位上升到第二位,其中出口额从第三位上升到第二位。从2006年至2011年,城镇居民人均可支配收入从11760元增长到23979元,年均实际增长9.7%,比"十五"期间的平均增速加快了0.1个百分点。从2006年至2011年,农村居民人均纯收入从3587元增长到6977元,年均实际增长8.9%,比"十五"期间的平均增速加快了3.6个百分点。

而美国金融危机却使美国以及其他西方发达资本主义国家陷入危险困境,美国独霸势态逆转下滑,资本主义整体实力呈下降态势。美国在20世纪50年代,发动了朝鲜战争,失败了;60年代发动了越南战争,也失败了;本世纪又发动了两场战争,一场是伊拉克战争,一场是阿富汗战争,两场战争花了7万亿美元,死了几千人,伤了上万人,伤兵要养一辈子,长远战争开支不小。2003年3月20日发动的伊拉克战争拖了7年;阿富汗战争是2001年10月7日开战,现在还看不到尽头。战争使美国实力下降,国库空虚。美国正在做战略调整与修补。二三十年前的世界性历史事件爆发是此消彼长,社会主义力量暂时下降,资本主义力量暂时上升;二三十年后的今天,又是此长彼消,社会主义力量始升,资本主义力量始降。30年改革开放使中国经济大发展,1978~1991年进入中国的外资才二三百亿美元,2011年超过1160.11亿美元。金融危机的爆发使世界力量对比发生了戏剧性变化。

当然,这场危机并没有把西方资本主义摧垮,它还有实力,有一定生命力。比如这么严重的危机并没有导致出现革命的迹象。原因固然很多,其一在于它建立了比较完整的社会保障体制,比如,法国 GDP 的 46% 用于二次分配,搞社会保障,法国 GDP 有 2 万多亿美元,人口 6000 万,有一个庞大的社会保障体系。普通老百姓吃不上饭才闹革命,而闹革命是要死人的,只要能活下去,就不会革命。西方资本主义还是有一定实力的,对于这次金融危机对西方的冲击也不能估计过头。应当说,建立社会保障体系是资本主义在失败和痛苦中总结出来的,在自由竞争和垄断资本主义阶段,残酷剥削造成严重的两极分化,工人阶级和劳动人民活不下去了,自然要闹事、要革命。二战后,从资本主义整体利益出发,为了使资本主义制度不至于灭亡,得到保全,资产阶级利益集团从资本利润中拿出相当部分,建立了完备的社会保障体系,保障工人阶级和劳动人民的基本生活,不去闹事。当然这个办法也不是资本主义自己发明的,而是从社会主义思想中得到启示。然而,西方的福利制度也愈发显示其弊端,例如,瑞典是典型的"从摇篮到坟墓都有保障"的福利国家,几十年下来,一是政府债台高筑,陷入债务危机;二是工人缺乏劳动积极性,政府一提出紧缩政策,工人就要罢工闹事,陷入循环往复性危机之圈。

(2)中国特色社会主义道路的成功开创,中国改革开放对国际金融风险的有效抵御,彰显了社会主义顽强的生命力。马克思主义经典作家创立了科学社会主义,开创了工人运动和社会主义运动的新格局。当时,他们把注意力和着眼点主要放在西方发达资本主义国家,根据当时的实际,曾设想社会主义革命将首先在生产力比较发达、工人阶级人数占多的资本主义国家发生,至少是在几个主要发达资本主义国家同时发生才能胜利。而后的实践发展却超出了他们的具体判断,新的实践促使科学社会主义创始人开始注意并研究东方国家走社会主义道路的不同情况。19世纪末20世纪初,当东方落后国家出现了社会主义革命的主客观条件时,马克思恩格斯及时研究了东方社会主义革命的可能性问题,提出非资本主义国家走社会主义道路的可能性问题。马克思恩格斯认为,东方非资本主义国家走向社会主义,在特定条件下,可以不通过资本主义制度的"卡夫丁峡谷",而吸收资本主义制度所创造的一切积极成果,实现社会主义的跨越式发展。他们认为,社会主义力量有可能抓住这一历史性的机遇,走出一条"非资本主义"的发展道路。他们的设想为非资本主义国家进行社会主义革命、走上社会主义道路提供了理论依据。

"卡夫丁峡谷"的典故出自古罗马史。公元前321年，萨姆尼特人在古罗马卡夫丁城附近的卡夫丁峡谷击败了罗马军队，并迫使罗马战俘从峡谷中用长矛架起的形似城门的"牛轭"下通过，借以羞辱战败军队。后来，人们就以"卡夫丁峡谷"来比喻灾难性的历史经历。"可以不通过资本主义制度的'卡夫丁峡谷'，而吸收资本主义制度所创造的一切积极成果，实现社会主义的跨越式发展"有两层含义：一是落后国家可以不经过资本主义的苦难，走出一条非资本主义的现代化成功之路；一是一切社会形态所历经的自然的、物质的、经济的历史过程是不可逾越的，但在一定条件下，社会制度、体制却是可以跨越的。

马克思恩格斯最初关于社会主义革命在西方诸国同时胜利的结论,是建立在对社会历史一般发展规律的判断上。就一般发展规律来说,社会主义革命应当在资本主义生产力高度成熟,而资本主义生产关系再也不能容纳其生产力发展的条件下爆发,也就是说,走社会主义道路的国家,先要经过资本主义的成熟发展,然后经过社会主义革命,再进入社会主义。而现实是,社会主义革命的成功、社会主义制度的建立不是在西方发达资本主义国家,而是在资本主义尚不成熟,但具备一定历史条件的东方落后国家。马克思恩格斯经过科学研究,分析了社会历史发展的特殊性,提出社会主义发展的非资本主义道路问题。列宁分析了帝国主义历史阶段经济政治发展不平衡的规律,提出社会主义革命可以率先在资本主义统治的薄弱环节突破的科学论断,成功地发动了俄国十月社会主义革命。俄国革命的成功也从实践上证明了马克思主义经典作家关于非资本主义道路的设想是科学的。然而,继列宁之后,斯大林建立的社会主义制度的苏联模式,所走的社会主义建设的苏联道路,尽管取得了伟大的成就,却忽略了苏联相对于西方诸发达资本主义国家落后的生产力,忽略了市场经济的必经性,超越国情,逐渐形成了高度僵化、高度集中的经济政治体制,束缚了生产力的发展,束缚了人民积极性的发挥,束缚了社会主义制度优越性的发挥。一系列革命成功的社会主义国家在社会主义建设实践中,在某种程度上忽略了更为落后的本国生产力实际,犯了照抄照搬别国模式的错误。在几十年的发展中,社会主义制度的优越性逐渐被僵化的、不适当的经济政治体制所消耗,再加上客观原因和主观错误,致使社会主义诸国陷入了发展困局,中国的"文化大革命"和东欧剧变就是这一历史演变结果。20世纪90年代苏东剧变,既有资本主义西化、分化社会主义国家的外因,同时又有社会主义模式僵化、脱离本国实际、主观上犯错误致使生产力发展上不去的内因。

社会主义革命成功之后,落后的国家到底怎样建设社会主义,必须从实践和理论上给予回答,中国特色社会主义道路的成功开创,破解了这一重大课题,走出了一条社会主义建设的成功道路。

按照马克思主义经典作家的"非资本主义"道路的理论设想,落后国家可以不经过资本主义充分发展而跳跃式地推进社会主义革命,建立社会主义制度。但是资本主义已历经的市场经济发展、生产力高度成熟的自然历史过程却是不可逾越的。中国共产党人总结了社会主义诸国家建设的成功经验和失败的教训,将社会主义制度与市场经济相结合,改革开放,建立与中国社会主义现阶段生产力状况相适应的、与发展市场经济相协调的经济—政治体制,回答了"在落后的国家,什么是社会主义,怎样建设社会主义"的问题,一切从实际出发,不照抄照搬别国模式,走自己的道路,成功地开创了中国特色社会主义建设道路。在国际金融风暴的冲击下,西方资本主义一片混乱,前景黯淡,至今尚未走出困境,而中国特色社会主义在中国共产党的领导下,同仇敌忾,顶住了金融风险,再次显示了社会主义制度的强大动员力和战斗力。历史发展的现实辩证法再次证明了社会主义的必然趋势,可以有曲折、有低潮、有失败、有逆转，但总的历史趋势是不可以为人的主观意志所改变的。从金融危机爆发至今，中国人民在中国共产党的正确领导下，成功地顶住了金融风暴的冲击，不仅实现了预定的发展的目标，而且取得了显著成绩，这既要归功于党的正确的领导和果断决策，更根本的是彰显了社会主义制度的政治优势，愈加证明了社会主义的生命力、中国特色社会主义的生命力、马克思主义的生命力。

(3)中国特色社会主义理论体系的创新，给马克思主义注入了新鲜的内容，显示了马克思主义的强劲创造力。中国共产党人在中国特色社会主义伟大实践中创新了马克思主义，赋予马克思主义以新的生命，创造性地推进了马克思主义的创造性发展。

当今世界正在发生全面而深刻的变化，

当代中国也在发生广泛而深远的变革。国际上，美国"次贷危机"引发的全球性经济危机，已经并正在给全世界发展带来严重和持续的影响，一方面，使当代资本主义面临重大挫折，给当代社会主义、马克思主义的发展提供了难得机遇，国际力量对比继续朝着有利于世界和平发展的方向演变，朝着有利于中国特色社会主义和平发展的方向转变；另一方面，使当代社会主义、马克思主义面临着前所未有的挑战，也面临着严峻的局面。国际敌对势力对我实施西化、分化的战略图谋没有改变，资强我弱的态势没有改变，一场新的全方位的综合国力竞争正在全球展开。

世界局势乃至格局将发生重大变化，世界发展进程和历史也将发生重大转折。当前世界正处于前所未有的巨大变动之中，资本主义和社会主义两种历史趋势、两大力量、两种意识形态的较量出现了新的变数，激烈的社会变化给当代社会主义、马克思主义提供了新的发展时空，提供了新的需求动力，又使其面对严峻复杂的局面。在国内，中国特色社会主义事业取得了伟大成就，中国发展道路与中国发展经验，已然成为当今世界的时代性标志，为人类文明的进步开辟了新的发展路径。这就为马克思主义意识形态发展提供了新的机会。国际风云变幻，透过世界金融危机和世界各种力量交锋的纷繁复杂的现象可以认清，金融资本不过是资本的当代形态，我们所处的时代仍然没有超出马克思主义的理论视野，社会主义具有后发的生命力，当代资本主义无论采取何种形态，仍然逃脱不了马克思主义科学预见的命运。

马克思主义同中国实际相结合,实现中国化,产生两次历史性飞跃,形成了马克思主义中国化的两大理论成果。第一次飞跃的理论成果是被实践证明了的关于中国革命的正确理论原则和经验总结,当然也包括关于中国社会主义建设道路探索的正确的理论成果,即毛泽东思想。第二次飞跃的理论成果是中国特色社会主义理论体系。中国特色社会主义理论体系在新的历史条件下回答了新的课题,开拓了马克思主义新境界。中国特色社会主义理论体系集中回答了中国特色社会主义这个主题。在回答该主题的历史进程中,在改革开放30多年过程中,我们党始终面临并依次科学回答了四个大问题——"什么是社会主义,怎样建设社会主义""建设一个什么样的党,怎样建设党""实现什么样的发展,怎样发展",最后归结为回答一个总题目，"什么是马克思主义，怎样坚持和发展马克思主义"，从而深化了对"三大规律"，即社会主义建设规律、执政党执政规律、人类社会发展规律的认识，赋予了马克思主义崭新的内容和旺盛生命力。

（4）坚持马克思主义主流意识形态的指导，重视并加强党的意识形态工作。胡锦涛同志讲："经济工作搞不好要出大问题，意识形态工作搞不好也要出大问题。"这是极其重要的指示，必须坚决贯彻执行。

一是关于意识形态于我有利与不利局势的总判断

国际金融危机所引发的世界格局的深刻变化，为加强和改进意识形态工作提供了有利的条件，当然也有不利的因素和严峻的挑战。

回顾 20 世纪 80～90 年代，第三次世界性的历史转折,社会主义陷入低谷,处于暂时劣势,资本主义反而上升,显示暂时优势,伴随该力量对比格局变幻,意识形态领域呈敌进我退之势,反社会主义、反马克思主义、反对共产党执政的声音甚嚣尘上,新自由主义应运而生,西方资本主义到处大力推销新自由主义理念,鼓噪一时,不可一世。

20年过去了,这次金融风险造成的第四次世界性历史转折,一方面使资本主义遭遇前所未有的打击,陷入全面制度危机,呈衰退之势,新自由主义宣布破产。西方世界多数国家2008年第三季度开始负增长,第四季度连续负增长,一直到2009年第三季度才开始出现正增长。按照通常的说法,经济危机应已结束了,但经济危机的恢复却是低速的、乏力的,西方主要经济体恢复得并不好,处于整体低迷状态。欧洲失业率居高不下,西班牙 2011 年失业率为 22.9%, 近 50% 的年轻人失业。美国全国经济研究所测定, 始于 2007 年 12 月的美国经济衰退于 2009 年 6 月结束, 历时 18 个月, 为二战之后美国经历最长的经济衰退期, 失去 800 万个就业岗位, 吞噬美国人 21% 的实际财产, 家庭、企业、地方政府、联邦政府欠一大屁股糊涂债, 蒸发掉 4.1% 的经济总量。美国经济学家持续看坏美国经济。美国危机后失业率为 9.6%, 危机前为 5%, 只有 59% 的 20 岁以上男性有全职工作, 复苏前景并不乐观。对西方国家来说, 对经济发展比较悲观, 看不到新的增长点, 发达国家人口减少、消费不足, 发展动力不足, 多个国家濒临破产, 冰岛、澳大利亚、希腊政府领导人下台, 西班牙、意大利陷入困境,"复苏似乎越来越像是一场漫长的长征"。另一方面, 中国特色社会主义取得成功,并顶住金融风险,社会主义从低谷中走出。美国和欧洲 2010 年 9 月 20 日联合发表报告,认为中国仅次于美国,与欧盟并列第二,均占全球实力 16%,美国为 22%,印度第三,占 8%,之后依次是日本、俄罗斯、巴西均占 5%,未来 15 年美国、欧盟实力持续下降。如果中国经济保持年均 8% ~9% 的增长速度,再过 17 年经济总量可以赶上或超过美国。1978 年,我国与美国经济总量差 40 多倍,2011 年美国 GDP 为 15 万亿美元,我国为 7.3 万亿美元,相差不到 3 倍,短短 30 年由 40 多倍缩小到不足 3 倍。看来,再用二三十年赶上和超过美国是没有问题的,因为我们 GDP 增速是美国的 3 ~4 倍,1958 年我们党提出的"赶英超美"口号,可能要成为眼见现实了。现在,批评新自由主义、资本主义的声音日渐增多,即使在资本主义内部,批评之声也不绝于耳,大声呼唤马克思主义、社会主义的声音愈发强烈,坚持和发展马克思主义、坚持和发展社会主义、坚持和发展党的领导底气足了。

对于这场"前所未有""有史以来最严重"的危机,资本主义政府大多将其归咎为"金融市场上的投机活动失控""不良竞争"或"借贷过度",并希望通过政府救市,"规范"资本主义现行体制、机制,以达到解决危机、恢复繁荣的目的。而与之大相径庭的是,欧美一些资本主义国家的共产党人既看到了监管缺位、金融政策不当、金融发展失衡等酿成这场危机的直接原因,又反对将这场金融危机简单归结为金融生态出了问题,他们普遍认为危机的产生有其深刻的制度根源,危机标志着新自由主义的破产,是资本主义固有矛盾发展的必然结果。

法共认为,世界经济危机源于金融机构过度的贪欲。这场金融危机归根结蒂是资本主义制度的危机。它不是从天而降的,不是资本主义的一次"失控",而是资本主义的制度缺陷和唯利是图的本质造成的不可避免的结果。冲击全球的危机并非仅限于金融或经济领域,它同时揭示了政治上的危机、资本主义生产方式的危机。从深层看,金融危机本质上是一场制度危机。美共认为,金融化是新自由主义资本积累和治理模式的产物,它旨在恢复美国资本主义的发展势头及其在国内和国际事务中的主导地位。同时,它也是美国资本主义的弱点和矛盾发展的结果,使美国经济和世界经济陷入新的断层。德共认为,这场金融危机具有全球性影响,它使得全球经济陷入衰退,并越来越影响到实体经济部门。危机产生的原因不是银行家的失误，也不是国家对银行监管失利。前者只是利用了这一体系本身的漏洞，造成投机行为的泛滥。投机一直是资本主义经济的构成要素。但在新的垄断资本主义发展阶段，它已经成为一个决定性因素，渗入经济、政治生活的方方面面。英共认为，不能把当前经济和金融危机主要归结为"次贷"危机的结果。强调根本在于为了服务于大企业及其市场体系的利益，包括公共部门在内的英国几乎所有的经济部门都被置于金融资本的控制之下。葡共认为，不应该把这场危机仅仅解释为"次贷"泡沫的破灭，当前的危机也是世界经济日益金融化、大资本投机行为的结果。这场危机表明"非干预主义国家""市场之看不见的手""可调节的市场"等新自由主义教条是错误的。资本主义再次展示了它的本性及其固有的深刻矛盾。资本主义体系非但没有解决人类社会面临的问题，反而使不平等、非正义和贫困进一步恶化。希共认为，危机现象是资本主义不可避免的经济命运，任何管理性政策都不可能解决其固有的腐朽性。金融危机再次表明资本主义不可能避免周期性危机的爆发，也再次证明了社会主义替代资本主义的必然性。

20世纪30年代的大萧条和今天横扫全球的经济衰退，无不印证了马克思恩格斯有关资本主义在自身难以克服的矛盾中不断调整自己又不断走入危机的预言。1997年，亚洲的金融风暴，让马克思回归到世界资本主义的中心地带华尔街；时隔10年，2008年，当人类的发展再次陷入衰退的泥沼，苦苦搜寻可以持续的答案时，《资本论》再次登上了最畅销经济类学术著作的排行榜，成为拯救人类精神家园的"圣经"。据报道，2009年1月，《资本论》在柏林一度脱销，相关论坛、讲座令马克思的故乡——特里尔这座因萧条而倍感冬之冷寂的德国小城显得热闹而红火。尤其值得注意的是，为数不少的德国青年认为，在危机笼罩的时刻，有必要重温马克思主义政治经济学经典著作。有的德国学者指出，正统的经济学往往对危机避而不谈，而马克思认为，危机是资本主义的有机组成部分。有的西方学者认为，现代西方经济学的历史是在国家与市场的争论中一路走来的。马克思主义政治经济学一度被当做"异端邪说"而被排斥于西方主流经济学之外。时至今日，"市场原教旨主义"已经丧失了市场，国家干预经济已成为西方各国的惯用手段。然而，无论是市场还是国家抑或是国家和市场的结合都不能避免危机重复发生且愈演愈烈。

形势的变化为我们党加强意识形态工作，做好知识分子工作，提供了极为有利的氛围、条件和机遇。当然，一方面，这种形势也越发促使西方资本主义更加运用两手策略，在经济上利用我们，公开讲我们好，拉拢我们、捧杀我们；另一方面，伴随着在军事上加紧包围我们，在经济上加紧挤压我们，同时在意识形态领域加强进攻，大力西化、分化我们，西藏事件、拉萨事件都是这种国际大环境的产物，使我们面对更加复杂、严峻的考验。

二是当前意识形态工作的主流态势和严峻问题

当前，我国意识形态领域主流是好的，继续保持积极健康向上的良好态势。在充分肯定意识形态领域主流的同时，还要清醒地看到,意识形态领域你来我往、你死我活,战斗十分激烈。西方诸国与我国在意识形态、社会制度、人权、民主等问题上的对抗、对立、争斗十分突出,思想理论领域呈现十分活跃、十分复杂的胶着状态,加强党的意识形态工作的任务更加艰巨繁重。特别是境内外敌对势力对我施压促变的一贯立场没有改变,通过各种途径、运用各种手段,对我在发展上遏制、思想上渗透、形象上丑化,企图压我改变政权性质,接受西方价值观念和制度模式,意识形态领域内的斗争将是长期的、复杂的。意识形态领域始终是渗透与反渗透的重要战场,对敌对势力的攻击任何时候都不可掉以轻心、不可疏于防范。

意识形态工作是党的一项极为重要的工作,事关党和国家工作全局,事关中国特色社会主义事业顺利发展,事关社会和谐稳定、国家长治久安。千万不要忘记意识形态工作，进一步增强政治意识、大局意识、责任意识，切实把加强意识形态工作作为提高党的执政能力、巩固党的执政地位的重要内容，认真贯彻落实中央一系列决策部署，不断提高意识形态工作的科学化水平，始终牢牢掌握意识形态工作的领导权和主动权。

三是坚持马克思主义指导，加强马克思主义中国化和马克思主义学习型政党建设

通过上述分析，可以清楚地得出以下几个重要结论：

（1）马克思主义是党和国家的灵魂、指南，坚持和发展马克思主义是中国特色社会主义取得胜利的根本思想保证。

（2）坚持马克思主义指导，在当代中国，必须把马克思主义与中国改革发展新的实践相结合，不断推进马克思主义中国化，用不断创新的中国化的马克思主义指导实践。

（3）在意识形态领域,必须坚持马克思主义主导地位,坚持社会主义主流意识形态,加强意识形态工作,这是坚持中国走社会主义道路、坚持中国共产党领导的政治底线。

（4）必须用中国化的马克思主义武装全党,特别是武装中高级干部。党是关键,领导干部是关键。建设马克思主义学习型政党是一个伟大的战略任务。毛泽东同志讲,政治路线确定之后,干部就是决定的因素。现在,党的理论、路线已经确定,关键在于贯彻落实,贯彻落实的关键在于干部,在于干部的政治理论素质和理论联系实际的能力。毛泽东同志指出,"在担负主要领导责任的观点上说,如果我们党有一百个至二百个系统地而不是零碎地、实际地而不是空洞地学会了马克思列宁主义的同志,就会大大提高我们党的战斗力,并加速我们战胜日本帝国主义的工作。"①毛泽东同志认为战胜日本帝国主义的一个关键在于理论武装党的高级领导干部。针对今天的情况来讲,如果我们党有一大批系统地而不是零碎地、实际地而不是空洞地掌握了中国特色社会主义理论体系的高素质的领导干部,将会大大提高我们党的战斗力,大大加快发展中国特色社会主义事业的进程。

(5)经过30多年改革开放,中国特色社会主义取得了举世瞩目的成就,但时至今日也存在一系列矛盾和问题,需要运用马克思主义立场、观点、方法加以认识,加以破解。苏轼在《晁错论》中有一段话很值得我们深思:"天下之患,最不可为者,名为治平无事,

① 《毛泽东选集》第二卷,人民出版社,1991,第533页。

而其实有不测之忧。坐观其变而不为之所，则恐至于不可救。"全党一定要树立忧患意识，通过改革创新，破解前进道路中存在的种种难题、矛盾和问题，在发展中国特色社会主义伟大事业中创建学习型政党，通过创建学习型政党推进中国特色社会主义伟大事业。

居安思危·世界社会主义小丛书
（已出书目）

编号	作者	书　名	审稿人
1	李慎明	忧患百姓忧患党 ——毛泽东关于党不变质思想探寻	侯惠勤
2	陈之骅	俄国十月社会主义革命	王正泉
3	毛相麟	古巴：本土的可行的社会主义	徐世澄
4	徐世澄	当代拉丁美洲的社会主义思潮与实践	毛相麟
5	姜　辉 于海青	西方世界中的社会主义思潮	徐崇温
6	何秉孟 李　千	新自由主义评析	王立强
7	周新城	民主社会主义评析	陈之骅
8	梁　柱	历史虚无主义评析	张树华
9	汪亭友	"普世价值"评析	周新城
10	王正泉	戈尔巴乔夫与"人道的民主的社会主义"	陈之骅

编号	作者	书 名	审稿人
11	王伟光	马克思主义与社会主义的历史命运	侯惠勤
12	李慎明	居安思危:苏共亡党的历史教训	课题组
13	李 捷	毛泽东对新中国的历史贡献	陈之骅
14	靳辉明 李瑞琴	《共产党宣言》与世界社会主义	陈之骅
15	李崇富	毛泽东与马克思主义中国化	樊建新
16	罗文东	中国特色社会主义理论与实践	姜 辉
17	吴恩远	苏联历史几个争论焦点真相	张树华
18	张树华 单 超	俄罗斯的私有化	周新城
19	谷源洋	越南社会主义定向革新	张加祥
20	朱继东	查韦斯的"21世纪社会主义"	徐世澄
21	卫建林	全球化与共产党	姜 辉
22	徐崇温	怎样认识民主社会主义	陈之骅

图书在版编目（CIP）数据

马克思主义与社会主义的历史命运：大字本/王伟光著.
—北京：社会科学文献出版社，2013.8
（居安思危·世界社会主义小丛书）
ISBN 978 – 7 – 5097 – 4905 – 0

Ⅰ.①马… Ⅱ.①王… Ⅲ.①马克思主义 – 研究 ②科学
社会主义理论 – 研究 Ⅳ.①A81 ②D0 – 0

中国版本图书馆 CIP 数据核字（2013）第 170701 号

居安思危·世界社会主义小丛书
马克思主义与社会主义的历史命运（大字本）

著　　者／王伟光

出 版 人／谢寿光
出 版 者／社会科学文献出版社
地　　址／北京市西城区北三环中路甲 29 号院 3 号楼华龙大厦
邮政编码／100029

责任部门／马克思主义理论编辑室　　　　责任编辑／仇　扬
　　　　　（010）59367004　　　　　　　责任校对／李若卉
电子信箱／bianyibu@ ssap. cn　　　　　 责任印制／岳　阳
项目统筹／祝得彬
经　　销／社会科学文献出版社市场营销中心
　　　　　（010）59367081　　59367089
读者服务／读者服务中心（010）59367028

印　　装／北京季蜂印刷有限公司
开　　本／787mm×1092mm　1/32　　印　　张／4.5
版　　次／2013 年 8 月第 2 版　　　　　字　　数／42 千字
印　　次／2013 年 8 月第 2 次印刷
书　　号／ISBN 978 – 7 – 5097 – 4905 – 0
定　　价／20.00 元